who?

글 안형모

어린이들의 꿈을 키워 주는 재미있고 유익한 만화를 만들기 위해 즐겁게 작업하고 있습니다. 인물 이야기를 통해 위인들의 성공적인 업적보다는 성공에 이르기까지 과정과 노력을 담기 위해 노력합니다. 《천추태후》, 《통째로 한국사 1, 2》, 《호동왕자와 낙랑공주》 등의 만화 시나리오를 썼습니다.

그림 스튜디오 청비

기발한 상상력을 바탕으로 새롭고 재미있는 콘텐츠를 만들어 내는 만화 창작 집단입니다. 작품으로는 《성철 스님》, 《아 다르고 어 다른 우리말 101가지》, 《반기문 유엔 사무총장의 꿈과 도전》, 《who? 한국사 – 이성계·이방원》 등이 있습니다.

감수 경기초등사회과연구회
진로 탐색 감수 이랑(한국고용정보원 전임연구원)
추천 송인섭(숙명 여자 대학교 명예 교수)

마틴 루서 킹

개정판 1쇄 인쇄 2024년 11월 15일
개정판 1쇄 발행 2025년 1월 1일

글 안형모 **그림** 스튜디오 청비

펴낸이 김선식
펴낸곳 다산북스

부사장 김은영
어린이사업부총괄이사 이유남
책임편집 박세미 **디자인** 김은지 **책임마케터** 김희연
어린이콘텐츠사업1팀장 박정민 **어린이콘텐츠사업1팀** 김은지 박세미 강푸른
마케팅본부장 권장규 **마케팅3팀** 최민용 안호성 박상준 김희연
편집관리팀 조세현 김호주 백설희 **저작권팀** 이슬 윤제희 **제휴홍보팀** 류승은 문윤정 이예주
재무관리팀 하미선 김재경 임혜정 이슬기 김주영 오지수
인사총무팀 강미숙 이정환 김혜진 황종원
제작관리팀 이소현 김소영 김진경 최완규 이지우 박예찬
물류관리팀 김형기 김선민 주정훈 김선진 한유현 전태연 양문현 이민운

출판등록 2005년 12월 23일 제313-2005-00277호
주소 경기도 파주시 회동길 490
전화 02-704-1724 **팩스** 02-703-2219
다산어린이 카페 cafe.naver.com/dasankids **다산어린이 블로그** blog.naver.com/stdasan
종이 신승NC **인쇄** 북토리 **코팅 및 후가공** 평창피앤지 **제본** 대원바인더리

ISBN 979-11-306-5799-8 14990

품명: 도서 | **제조자명:** 다산북스
제조국명: 대한민국 | **전화번호:** 02)704-1724
주소: 경기도 파주시 회동길 490
제조년월: 판권 별도 표기 | **사용연령:** 8세 이상

※ KC마크는 이 제품이 공통안전기준에 적합하였음을 의미합니다.

마틴 루서 킹

Martin Luther King

다산
어린이

자신만의 멘토를 만날 수 있는 who? 시리즈

　다산어린이의 〈who?〉 시리즈는 어린이들은 물론 어른들에게도 재미와 감동을 주는 교양 만화입니다. 〈who?〉 시리즈는 전 세계 인류에 영향력을 끼친 인물들로 구성되었으며 인물들의 삶과 사상을 객관적으로 전해 줍니다.

　이처럼 다양한 나라와 분야에서 활약한 위인들의 이야기를 통해 과학, 예술, 정치, 사상에 관한 정보는 물론이고, 나라별 문화와 역사까지 배우게 될 것입니다.

　〈who?〉 시리즈의 가장 큰 장점은 위인들이 그들의 삶에서 겪은 기쁨과 슬픔, 좌절과 시련, 감동을 어린이들이 함께 느낄 수 있다는 것입니다. 어린이들은 이 책을 읽으면서 폭넓은 감수성을 함양하게 됩니다. 〈who?〉 시리즈의 어린이 독자들이 책 속의 위인들을 통해 자신만의 멘토를 만나 미래의 세계적인 리더로 성장하기를 진심으로 응원합니다.

존 덩컨 UCLA 동아시아학부 교수

존 덩컨 교수는 한국학 분야의 세계적인 석학으로 미국 UCLA 한국학 연구소 소장 및 동 대학의 동아시아학부 교수를 겸직하고 있습니다. 하버드 대학교 교환 교수와 고려 대학교 해외 교육 프로그램 연구센터장을 역임했으며, 주요 저서로는 《조선 왕조의 기원》, 《조선 왕조의 시민 행정의 제도적 기초》 등이 있습니다.

세상을 더 나은 곳으로 만든 사람들의 이야기

어린이들은 자라면서 수많은 궁금증을 가지게 됩니다. 그중에서도 "저 사람은 누굴까?"라는 질문은 종종 아이들의 머릿속을 온통 지배해 버리기도 합니다. 다산어린이에서 출간된 〈who?〉 시리즈는 그런 궁금증을 해결해 주기 위해 지구촌 다양한 분야의 리더들을 소개하고 있습니다.

〈who?〉 시리즈에 등장하는 인물들은 인종과 성별을 넘어 세상을 더 나은 곳으로 만든 사람들입니다. 어린이들은 이 책에서 찰스 다윈 같은 과학자, 베토벤 같은 고전적인 예술가와 찰리 채플린 같은 대중 예술가, 힐러리 클린턴 같은 리더들을 만날 수 있습니다. 책 속 주인공들의 어린 시절 이야기를 통해 기쁨과 슬픔, 도전과 성취감을 함께 맛보고, 그들과 함께 성장하면서 스스로 창조적이고 인류에 도움이 되는 사람이 되겠다는 포부와 자신감을 갖게 될 것입니다.

〈who?〉 시리즈 속에서 다채롭고 생동감 넘치는 위인들의 이야기를 만나 보세요.

에드워드 슐츠 하와이 주립 대학교 언어학부 교수

에드워드 슐츠 하와이주립 대학교 언어학부 교수는 동 대학의 한국학센터 한국학 편집장을 역임한 세계적인 석학입니다. 평화봉사단 활동의 하나로 한국에서 영어 교사로 근무한 경험이 있으며, 현재 한국과 미국, 일본을 오가며 활발한 활동을 펼치고 있습니다. 저서로는 《중세 한국의 학자와 군사령관》, 《김부식과 삼국사기》 등이 있고, 한국 중세사와 정치에 대한 다수의 기고문을 발표했습니다.

미래 설계의 힘을 얻는 길이 여기에 있습니다

어린이가 성장하는 시기에는 스스로 미래를 설계하며 다양한 책을 접하는 경험이 필요합니다.

어린 시절 만난 한 권의 책이 인생에 미치는 영향이 얼마나 큰지는 꿈을 이룬 사람들의 말을 통해서 알 수 있습니다. 빌 게이츠는 오늘날 자신을 만든 것은 동네의 작은 도서관이었다고 말하고, 오프라 윈프리는 어린 시절 유일한 친구는 책이었음을 고백하며 독서의 중요성에 대해 이야기합니다.

꿈을 이룬 사람들의 공통점은 또 있습니다. 그들에게는 어린 시절, 마음속에 품은 롤 모델이 있었습니다. 여러분의 롤 모델은 누구인가요? 〈who?〉 시리즈에서는 현재 우리 어린이들이 가장 닮고 싶어하는 롤 모델을 만날 수 있습니다. 버락 오바마, 빌 게이츠, 조앤 롤링, 스티브 잡스 등 세상을 바꾼 사람들의 감동적인 이야기를 담은 〈who?〉 시리즈는 어린이들이 구체적인 목표를 설정하고 희망찬 비전을 세울 수 있도록 도와줄 친구이면서 안내자입니다. 〈who?〉 시리즈를 통하여 자신의 인생 모델을 찾고 미래 설계의 힘을 얻을 수 있습니다.

송인섭 숙명 여자 대학교 명예 교수

숙명 여자 대학교 명예 교수이자 한국영재교육학회 회장으로 자기주도학습 분야의 최고 권위자입니다. 한국교육심리연구회 회장, 한국교육평가학회장, 한국영재연구원 원장을 역임했습니다. 자기주도학습과 영재 교육의 이론을 실제 교육 현장에 적용하기 위해 노력하고 있습니다.

평생을 이끌어 줄
최고의 멘토를 만날 수 있는 책

　　10대에 가장 중요한 것은 무엇일까요? 학과 공부와 입시일까요?
우리나라 최초의 국제회의 통역사로 30년 동안 활동하면서 글로벌
리더들을 만날 기회가 수없이 많았던 저는 대한민국의 초등학생들에게
특별한 조언을 해 주고 싶습니다. 그것은 큰 꿈을 가지는 것이 무엇보다
중요하다는 것입니다.

　　꿈은 힘들고 지칠 때 나를 이끌어 주는 힘이고 내 인생의 주인이 되어
일어설 수 있게 하는 원동력이 되어 줍니다. 꿈이 있는 아이가 공부도
잘하고 결국 그 꿈을 실현할 수 있게 되는 것입니다. 저 역시 어린 시절
품었던 꿈이 지금의 자리에 있게 한 원동력이었습니다. 남들이 모르는 큰
꿈을 마음속에 간직하고 있었기에 괴롭고 힘들어도 포기하지 않고 다시
일어설 수 있었습니다.

　　어린 시절 저에게도 힘들고 지칠 때마다 용기를 불어넣어 주고
힘이 되어 주었던 분들이 있었습니다. 지금의 자리로 저를 이끌어 준
멘토들처럼 〈who?〉 시리즈에서 여러분의 친구이자 형제, 선생이 되어 줄
멘토를 만날 수 있기를 바랍니다.

최정화 한국 외국어 대학교 교수

우리나라 최초의 국제회의 통역사로 현재 한국 외국어 대학교
통번역대학원 교수로 재직 중입니다. 세계 무대에서 자신의 꿈을
이룬 여성 신화의 주인공으로, 역시 세계에서 꿈을 펼치려고 하는
청소년들에게 멘토의 역할을 충실히 하고 있습니다. 저서로는
《외국어, 내 아이도 잘할 수 있다》, 《외국어를 알면 세계가 좁다》,
《국제회의 통역사 되는 길》 등이 있습니다.

마틴 루서 킹

어릴 적부터 백인에게 차별받으며 자란 마틴 루서 킹은 자연스럽게 인종 차별을 없애야 한다는 신념을 품게 되었어요. 훗날 대학생이 된 마틴은 목사인 아버지의 가르침에 따라 정의를 실현하는 성직자를 꿈꾸게 되지요. 과연 마틴 루서 킹은 인종 차별을 극복하고 평등한 사회를 만드는 성직자가 될 수 있을까요?

- 이름: 마틴 루서 킹
- 생몰년: 1929∼1968년
- 국적: 미국
- 직업·활동 분야: 목사,
  신학자, 시민사회 운동가 등
- 종교: 기독교(침례교)

마틴 루서 킹 시니어

가난한 소작농의 아들로 태어난 마틴 루서 킹 시니어는 애틀랜타 에베니저 침례교회 목사의 딸 앨버타와 결혼하여 마틴 루서 킹을 낳았어요. 어린 시절, 아들 마틴이 이유 없이 백인에게 차별받고 그들을 미워하게 되자 사랑과 용서를 직접 실천하며 마틴이 참된 성직자의 꿈을 키울 수 있게 돕지요.

존 F. 케네디

미국의 제35대 대통령인 존 F. 케네디는 대선 후보였을 당시 부당하게 체포된 마틴 루서 킹을 구해 주고, 흑인도 백인과 같은 동등한 권리가 주어져야 한다고 주장했어요. 대통령에 당선된 후에도 케네디는 인종 구분 없이 공공장소를 자유롭게 다닐 수 있는 법을 통과시키기 위해 노력했지요.

들어가는 말

- 평등과 평화, 인종의 화합을 위해 노력한 마틴 루서 킹은 어떤 사람인지 알아봅시다.
- 마틴 루서 킹이 태어난 미국의 사회와 문화의 특징을 이해합니다.
- 자신의 종교와 사회적 신념에 따라 세상을 좀 더 나은 곳으로 발전시키고자 노력하는 사람에 대해 탐구해 볼까요?

1 빛나는 보석

6년 후, 에베니저 교회

마틴 아래로는 남동생 에이디가 있었고,
마틴과 남매들은 부모님의 사랑 속에서 밝게 자랐습니다.

마틴, 입학식에 신고 갈
신발 사러 가자!

형! 아빠가
부르시잖아.

아 참, 내가
마틴이지. 이름을
바꾼 뒤로 가끔
헷갈린다니까.
헤헤!

마틴이 5살 때, 아버지는 그의 이름을
'마틴 루서 킹'으로 바꾸어 주었습니다.

네, 금방
내려갈게요.

내일 학교 입학식이잖아.
그래서 새 신발 사러
시내에 가.

와, 좋겠다!

그럼 갔다 올게.

응,
다녀와.
기다리고
있을게.

마틴 루서 킹이 태어난 1929년은 대공황이 시작되던
해였습니다. 이때는 많은 실업자가 생겨나 경제적으로
매우 힘든 시기였습니다.

돈을 주겠다는데
왜 빵을 안 파는
거야!

손님, 밀가루가
없어서 만들 수가
없다니까요.
정말 죄송합니다.

어려움을 모르고 곱게 자란 마틴에게
식량을 얻기 위해 줄을 선 사람들의 모습은
낯선 광경이었습니다.

아빠, 저 사람들
뭐 하는 거예요?

빵을 사려고 줄을 선
거란다. 요즘 경제가
어려워서 먹을 것을
구하지 못하는
사람들이 많거든.

식사할 때마다
왜 감사하는 마음을
가져야 하는지
알겠지?

네.

부자들이
조금씩 나눠 주면
가난한 사람들이
굶지 않아도
될 텐데.

다 왔다, 마틴.
내리자.

먼저 온 손님이
있구나.

여기 앉아서
기다려야겠다.

아니!

이것이 조금 전에
내가 말했던
그 현실이란다.

네……
아빠.

어린 마틴 루서 킹은 흑인과 백인 사이에
차별이 존재한다는 사실을 어렴풋이 알게
되었습니다.

마틴,
신발은 잘 샀어?

아니……
못 샀어.

같이 놀려고
여태 기다렸는데
그냥 들어가는
거야?

마틴에게 무슨 말을
한 거예요?

휴~.

마틴이 어른이 된
후에도 세상은
달라지지 않을
거예요.

단지 흑인이라는 이유로
친한 친구를 잃게 된 마틴은
마음이 아팠습니다.

나쁜 건 네가
아니라 피부색으로
사람을 차별하는
사람들이야.

그리고 이런 경험들을 통해
조금씩 백인을 미워하는 마음을
갖게 되었습니다.

제가 흑인이어서
톰과 놀지 못한대요.
피부색이 검은 게
나쁜 건가요?

백인들이 업신
여겨도 당당한
태도로 그들을
대해야 해.
알았지?

네 안에는 세상 무엇과도
바꿀 수 없는 빛나는
보석이 숨어 있단다.
그 사실을 잊지 말고
항상 너 자신을 사랑하렴.

마틴의 어머니 앨버타 윌리엄스 킹은
마틴이 상처를 받을 때마다 따뜻한
사랑으로 보듬어 주었어요.

빛나는 보석 **27**

마틴 루서 킹의 성공 열쇠

마틴 루서 킹은 인종 차별이라는 벽 앞에서도 자신의 신념을
굽히지 않았습니다. 숱한 실패 속에서도 끊임없이 도전한 그의
용기 있는 태도는 우리에게 많은 교훈을 준답니다.

흑인들의 정신적 지도자 마틴 루서 킹

하나 뜻을 하나로 모은 리더십

마틴 루서 킹은 뛰어난 리더십으로 흑인 사회의 염원을 하나로
모아 차별에 대항했습니다. 그는 설득력 있는 주장으로
사람들이 비폭력 운동의 의미를 깨닫게 했으며, 많은
지지자들을 얻었어요. 또한 그의 주장에 반대하는 세력을
공격하지 않고 변화를 이끌어 내기 위해 노력했답니다.
이러한 그의 실천은 수많은 흑인들을 변화시키고 반대편인
백인들마저 감동시켰어요. 마틴 루서 킹은 명령과 통제로
억압하는 지도자가 아니라 협상과 동의를 구할 줄 아는
지도자였지요. 먼저 주변 사람들을 믿고, 자유롭게 의견을
나누며, 무엇이든 배우기 위해 사람들의 말을 경청했어요.
그의 포용 리더십은 많은 사람들에게 신뢰를 주었답니다.

마틴 루서 킹을 기념하는 우표

둘 힘에 굴복하지 않는 용기

마틴은 극단적인 보수주의 백인 단체에 의해 각종 협박과
수많은 테러의 위협에 시달렸습니다. 심지어 저항하는
방식의 차이로 같은 뜻을 가진 흑인 인권 운동가들로부터
비난을 받기도 했지요. 하지만 그는 자신이 믿는 바를 굽히지
않는 강한 정신력과 꺾이지 않는 신념이 진정한 용기라고
생각했습니다. 그래서 대립과 갈등의 현장에서 누구보다
앞장서 행동했어요.

수많은 흑인들은 그의 태도에 용기를 얻어 인권 운동에 동참할 수 있었습니다.

셋 〈 용서하는 너그러운 마음, 관용

마틴 루서 킹은 어린 시절부터 백인들에게 숱한 차별과 멸시를 받았지만 그들을 미워하지 않았습니다. 그가 진정 바란 것은 백인들과 싸우는 것이 아니라 그들과 친구가 되는 것이었지요. 마틴은 용서와 화해만이 적을 친구로 만들 수 있는 유일한 힘이라고 믿었어요. 자신을 죽이려 했던 괴한을 미워하기는커녕 그 사람이 처벌받지 않도록 선처를 호소했지요. 이렇게 그는 미움과 증오를 용서로 바꾸는 일을 실천하며 사람들에게 진정한 용서의 가치를 깨닫게 해 주었답니다.
용서는 사람을 강하게 만들어 주는 힘이 있어요. 미움의 감정을 넘어서 누군가를 진정으로 용서한다면 우리의 마음은 더욱 크게 성장할 수 있을 거예요.

대중 앞에서 연설 중인 마틴 루서 킹

린드 존슨 대통령과 악수하는 마틴 루서 킹

who? 지식사전

미국의 공휴일, 마틴 루서 킹 데이

미국은 매년 1월 세 번째 월요일을 '마틴 루서 킹 데이'로 정하여 연방 공휴일로 지정하고 있어요. 마틴 루서 킹 데이는 인류 화합과 평등을 위해 노력한 마틴 루서 킹의 공로를 기리기 위해 생겨났지요. 그가 실제 태어난 날은 1929년 1월 15일이지만 미국 의회에서 투표를 거쳐 1월 셋째 주 월요일을 공휴일로 정했어요. 이렇게 개인의 탄생일이 미국에서 전국적으로 휴일이 된 사례는 조지 워싱턴에 이어 두 번째이며 민간인으로서는 처음이에요. 마틴 루서 킹의 기념일에는 전국 각지에서 다양한 기념 행사가 펼쳐진답니다.

마틴 루서 킹 데이를 기념하기 위해 거리로 나온 사람들

넷 사람들의 말에 귀 기울일 줄 아는 배려

마틴 루서 킹은 '진정한 리더는 대중의 이야기에 귀 기울일 줄 알아야 한다'고 생각했습니다. 그래서 그는 항상 사람들의 말에 먼저 귀 기울였어요. 타인을 배려하는 그의 따뜻한 마음은 수많은 사람들과 신뢰를 쌓고, 서로 끈끈한 동료애를 갖게 했지요.

이처럼 타인의 말에 귀를 기울일 줄 아는 태도는 사람의 마음을 얻는 가장 좋은 방법이에요. 여러분도 친구들과 더 친해지고 싶다면 마틴 루서 킹처럼 타인의 말에 귀를 기울일 줄 아는 자세를 길러야 한답니다.

연설자의 말에 귀를 기울이고 있는 마틴 루서 킹

다섯 고정 관념에 대한 끊임없는 도전 정신

마틴 루서 킹이 인권 운동을 할 당시에 흑인은 제대로 된 교육을 받지 못하는 등 노예 제도 폐지 이후에도 인권을 보장 받지 못했어요. 백인과 흑인의 분쟁이 발생하면 백인들은 일방적으로 흑인들에게 잘못을 떠넘겼지요. 법 앞에서도 공정한 재판이 이루어지지 않았고, TV나 신문에서도 흑인들의 잘못만 지적했어요. 누가 보더라도 모든 것이 흑인에게 매우 불리했어요.

이 시기에 마틴은 사회적인 불평등을 깨기 위해 많은 대중들 앞에서 흑인의 권리를 주장하고 평등 정신을 널리 알렸답니다. 그는 여러 차례 감옥에 갇히기도 했지만 옳은 일 앞에서는 주저 없이 목표를 향해 나아갔어요.

인종 차별이라는 고정 관념에 대항한 인권 운동가들의 끊임없는 도전으로 지금의 평등 사회가 이룩되었답니다.

마틴 루서 킹과 그의 아내

학생 비폭력 저항
운동 단체
SNCC의 마크

뜻을 굽히지 않는 굳은 의지, 신념

누구나 흑인의 인권 향상과 평화적 운동을 주장할 수 있지만 마틴 루서 킹처럼 폭탄 테러를 당하고 억울하게 감옥에 갇힌다면 어떨까요? 온갖 회유와 협박에도 끝까지 자신의 신념을 지킬 수 있을까요? 그건 결코 쉽지 않은 일일 거예요. 하지만 마틴은 "어떤 경우에도 폭력을 사용해서는 안 됩니다. 백인들이 우리에게 어떤 고난을 주어도 우리는 그들을 용서해야 합니다. 그들의 죄를 용서해 줍시다."라고 외치며 모든 사람들에게 비폭력 저항주의를 호소했답니다.

자신의 신념을 저버리지 않았던 그는 암살당하는 순간까지 평등과 평화, 인종 화합의 신념을 몸소 실천했어요. 그의 인권과 비폭력에 대한 의지와 신념은 후에 반전 운동으로 확산되어 전 세계에 평화의 메시지를 전하고 있답니다. 이처럼 바른 뜻을 굽히지 않고 어떤 일을 꾸준히 실천한다면 당장 결과를 얻을 수 없더라도 훗날 분명히 더 나은 세상을 만드는 힘이 될 수 있을 거예요.

1964년, 마틴 루서 킹이 지켜 보는 가운데 린드 존슨 대통령이 인권법에 서명하고 있습니다.

마틴 루서 킹이 잠든 무덤

who? 지식사전

마틴 루서 킹의 노벨 평화상 수상 연설문

"강력한 도덕의 힘은 사회를 변화시켰습니다. 언젠가는 전 세계의 모든 인류가 평화롭게 함께 어울려 사는 길을 발견하게 될 것입니다. …… 그러한 인류의 발전 방식의 근본은 사랑입니다. 나는 인류가 인종 우월주의와 전쟁의 어둠에 묶여 있어서 평화와 형제애로 밝게 빛나는 새벽은 결코 현실이 될 수 없다는 관점을 받아들이지 않겠습니다. 나는 비폭력의 진리와 무조건적인 사랑이 최후의 복음임을 믿습니다. 이것이 일시적으로 패배하는 옳음이 일시적으로 승리하는 악보다 더 강한 이유입니다. …… 나는 믿음에 대해 대담합니다. 나는 이타적인 사람들이 이기적인 사람들에 의해 찢겨진 대의를 바로잡을 것임을 굳게 믿습니다."

사람들 앞에서 자신의 의견을 당당하게 연설하는 마틴 루서 킹

2 성직자를 꿈꾸다

마틴!
또 책 읽는구나.
재미있어?

응.

흑인들의 자유를 위해
노력했던 해리엇 터브먼과
위대한 흑인 연설가였던
프레더릭 더글러스의
전기야.

나도 이분들처럼
고통받는 흑인들을
돕고 싶어.

흑인들은 너무
열악한 환경에서
살고 있는 것 같아.

비인간적인 대우를 받으며
다 부서진 창고 같은 집에서 사는
사람들이 대부분이잖아.

엄마, 이제
할머니가 보고 싶을 땐
어떻게 하죠?

마틴…….

할머니는 하늘나라에서
언제나 널 지켜보실 거야.

정말요?

마틴은 사랑하는 외할머니의 죽음을 받아들이지
못했습니다. 부모님은 그런 마틴에게 죽음에
대해 친절하게 설명해 주었습니다.

할머니!
다시 만나는 날까지
저도 엄마 말씀
잘 듣고 씩씩하게
지낼게요.

애틀랜타 부속 초등학교를
우수한 성적으로 마친 마틴은
부커 T. 워싱턴 고등학교에 입학하였습니다.

마틴은 그에 대한 답을
학비를 벌기 위해 일했던
한 담배 농장에서 찾게 됩니다.

아직 고등학생
같은데 왜 이런
곳에서 일을 하니?

돈을 벌어
대학 학비에
보태려고요.

어려운 형편은 아니지만
그래도 부모님을 도울 수
있으면 좋잖아요.

대견하구나.

갈증날 텐데
물이나 좀 마셔 가면서
해라.

그런데 아저씨,
저는 흑인인데 왜
친절을 베푸시는
거예요?

뭐라고?

그래, 이게 바로
사랑하면서
싸워야 하는 이유야!

마틴은 학교에서
늘 1등을 도맡아 할 정도로
우수한 학생이었습니다.

1944년 9월 20일,
그는 두 학년이나 월반하여
15세의 나이에 모어하우스 대학에
입학합니다.

갑자기 월반하게
되어 장래에 대한
이야기를 나눌
기회가 없었구나.

마틴, 앞으로 무슨 일을
하고 싶니?

의사나 법률가가
되고 싶어요.

성직자가 되는 것에 주저하던 마틴은 모어하우스 대학 학장인 벤저민 메이즈 박사와 철학과 종교학을 전공한 조지 켈시 교수의 영향으로 생각이 조금씩 바뀝니다.

흑인에게 차별을 참고 견디라고 가르치는 것만이 능사는 아닙니다.

교육은 지식을 통해 사회와 개인을 일깨우는 가장 정확한 수단입니다.

이즈음 마틴은 마음을 터놓고 얘기할 수 있는 월터 매콜이라는 친구를 사귀게 됩니다.

그러므로 흑인 교회는 현실을 제대로 가르쳐 그들이 해방된 인간이 될 수 있도록 도와야 합니다.

아이고!

정말 좋은 강연이야. 내 생각도 교수님과 같아. 하하하!

사실, 아버지가 보여 주셨던 숭고한 성직자의 모습이야말로 내가 가장 닮고 싶은 어른의 모습이었어.

그럼 주저하지 말고 선택해.

음……

그래! 종교는 학문이 아니라 믿음이야. 더 이상 흔들리지 말자.

아버지! 저 성직자가 되기로 결심했어요.

잘 생각했구나. 하지만 성직자는 네가 되고 싶다고 해서 그냥 주어지는 자리가 아니란다.

네가 믿음으로 사람들의 마음을 움직일 수 있는지 보여 줘야 해.

불평등한 사회

미국은 다양한 인종과 민족이 모여 만들어진 사회이기 때문에
불가피하게 여러 가지 문제가 생겼습니다. 그중 대표적인
갈등이 인종 차별입니다.

인종을 분리한 짐 크로 법을 우스꽝스럽게 표현한
그림입니다.

하나 1900년대 미국의 인종 차별

노예 해방 선언 이후에도 백인들은 흑인 규범이나 '짐 크로
법' 등을 만들어서 버스의 의자에서부터 화장실, 레스토랑,
호텔 등 공공시설에서까지 흑인과 백인을 분리했습니다.
흑백 분리 정책은 일상생활에서 철저하게 흑인을
차별하는 탄압의 도구로 사용되었어요. 백인은 이러한
규정에 저항하는 흑인을 처벌함으로써 흑인이 자유롭게
살 수 있는 권리를 사실상 차단했습니다. 이런 상황이
계속되자 흑인들의 불만은 날로 쌓여 갔고 결국 폭동이
일어났습니다.

who? 지식사전

인종 차별을 느낄 수 있는
《백인 시장주의와 흑인의 복종》

백인 지상주의를 엿볼 수 있는 작품

1867년에 존 에브라이는 《백인 지상주의와 흑인의 복종》이라는 책을 썼어요. 이 책은 흑인을
비하하고 백인의 우월성을 강조한 내용으로 백인이 흑인을 탄압하는 것을 매우 당연한
것처럼 표현했습니다.
내용을 자세히 살펴보면 흑인은 신체적인 구조상 사소한 지식조차 제대로 받아들이지
못하는데, 그런 흑인이 만약 지식을 얻기 위해 노력한다면 두개골의 중심이 바뀌어 똑바로
서지 못한다는 비논리적인 내용이 담겨 있어요. 지금으로서는 쉽게 이해가 되지 않지만
당시에는 이러한 비정상적인 주장이 마치 사실인 것처럼 왜곡되어 흑인들의 생활을 더
어렵게 만들었답니다.

흑인도 미국 시민의 권리를 누리고 싶어요!

흑인에 대한 백인 집단의 위협은 매우 일상적이었습니다.
때문에 대도시를 중심으로 백인들의 테러와 흑인들의
폭동은 끊이지 않았어요. 날로 문제가 심각해지자
북부에서는 흑인을 보호하기 위해 '전미 유색인 지위 향상
협회(NAACP)'를 조직하여 뜻있는 백인들과
흑인 지도자들이 함께 흑인의 인권 의식을 불러
일으키려 노력했답니다.

전미 유색인 지위 향상 협회의 흑인 지도자들이 홍보
포스터를 들고 있습니다.

미국 사회에서 당당한 시민으로 살고 싶었던 흑인들은
당시 벌어진 제1차 세계 대전에 참전하자는 캠페인을
벌였어요. 백인들은 인정하지 않았지만 흑인 스스로 조국인
미국을 위하는 마음으로 전쟁에 나간다면 시민의 권리를
누릴 수 있을 거라 생각한 거죠. 그래서 수많은 흑인들이
자진하여 전쟁에 참전하였답니다. 하지만 전쟁이 끝난
뒤에도 흑인들의 지위는 달라지지 않았어요. 오히려
전쟁에 참전한 흑인들을 공격하고, 흑인들로 이루어진
조직을 추방하려는 움직임이 심해졌어요. 이런 백인들의
공격적인 행동은 흑인 인권 운동 확산에 불을 지폈답니다.

전미 유색인 지위 향상 협회가 테러로 피해를 입은
흑인의 집을 살피고 있습니다.

흑인 폭동

1919년에는 무려 25건이 넘는 흑인 폭동이 일어났어요. 그중에서도 '피의
여름'이라 불리는 폭동은 인종 문제로 미국 전역을 휩쓴 학살과 폭동의
대명사가 되었답니다. 7월 어느 날, 호수에서 수영하던 10대 흑인 소년이
급류에 휘말려 백인들이 있는 곳으로 가게 되었어요. 백인들은 아무 잘못도
없는 소년에게 돌을 던져 익사시키고 말았어요. 이에 격분한 흑인들은 폭동을
일으켰고, 시카고에서는 약 일주일 동안 백인과 흑인 사이에 일대 교전이
벌어졌답니다. 그 결과 백인 15명과 흑인 23명이 사망하고, 530여 명의
부상자가 발생했습니다.

1919년 시카고에서 발생한 폭동. 백인들이
폭력을 휘두르고 있습니다.

흑인의 쉼터를 표시해 놓은 표지판

한 흑인 남자가 유색 인종 자리에서 물을 마시고 있습니다.

흑인의 문과 백인의 문을 따로 표시해 놓은 상점

셋 본격적인 흑인 인권 운동의 시작

몇 차례 흑인 폭동이 있었지만 본격적으로 흑인 인권 운동이 시작된 것은 '몽고메리 버스 사건'이 발생하면서예요. 마틴 루서 킹도 이 사건을 통해 본격적으로 인권 운동에 뛰어들게 됐지요.

몽고메리 버스 사건의 배경: 당시 미국의 앨라배마주 몽고메리에서는 흑백 차별이 유독 심했습니다. 버스 좌석의 앞줄은 백인 전용으로 정해져 있어 흑인들은 주로 뒤쪽 자리에 앉아야만 했어요. 버스 이용객의 약 75퍼센트가 흑인들이었기 때문에 흑인의 자리는 늘 부족했지요. 게다가 흑백을 구분하는 선이 고정된 것이 아니라 상황에 따라 옮길 수 있어서 제대로 된 구분이 없었어요. 흑인들은 버스가 다 차기 전에 자리에 앉을 수 있었지만 백인이 탈 경우에는 자리를 양보해야 했고, 버스가 만원이 되면 버스에서 내려야 했어요. 이러한 불평등이 지속되면서 흑인들은 불만을 갖게 되었답니다.

로자 파크스 사건의 시작: 1955년 12월 1일, 일을 마친 로자 파크스는 집으로 가기 위해 버스를 탔습니다. 그리고 흑인 전용 좌석에 앉았지요. 얼마 후 버스에 탄 백인들이 서 있게 되자, 운전기사는 흑인 전용 칸의 표시를 로자가 앉은 자리 뒤까지 밀어내면서 흑인들에게 일어나라고 명령했어요. 다른 흑인들은 말 없이 일어났지만 로자는 자신이 백인에게

흑인 인권 운동의 어머니 로자 파크스

자리를 양보할 이유가 없다고 일어서지 않았어요. 잠깐의 실랑이 끝에 버스 운전기사는 경찰을 불렀고 로자는 흑백 분리법 위반 혐의로 체포되었답니다.

보이콧 선언: 부당한 처벌을 받았다고 생각한 로자는 사람들을 모아 버스 보이콧을 선언하는 유인물을 만들었습니다. 보이콧이란 어떤 일을 공동으로 받아들이지 않고 물리치는 것을 말해요. 여성 정치 위원회와 흑인 교회는 버스 보이콧 운동에 동참했고 버스 안에서 흑인이 백인과 동등한 대우를 받을 수 있을 때까지 투쟁했습니다. 이 일로 로자는 유죄를 선고받았지만 뜻을 굽히지 않았어요.

'버스 안 타기' 운동: 로자 파크스의 일이 흑인 사회에 알려지면서 흑인들은 걸어 다니거나 자동차 함께 타기를 통해 조직적으로 버스 승차 거부 운동을 펼쳤습니다. 마틴 루서 킹은 이 운동을 주도적으로 이끌면서 흑인 인권 운동의 지도자로 전국적인 명성을 얻게 됩니다. 흑인들이 단합하여 지속적으로 버스를 타지 않고 타당한 권리를 주장하자 1956년 12월, 미국 연방 대법원은 버스에서 흑인과 백인을 분리시키는 법은 위헌이라는 판결을 내렸어요. 인권 운동은 이렇게 삶의 가장 소소한 권리에서부터 시작하여 자유와 평등의 근본적인 문제로 넓혀 가게 된 것이지요.

로자 파크스 사건이 벌어졌던 버스 ⓒ edans

백인만 사용할 수 있는 세면대 ⓒ tedeytan

who? 지식사전

미국 내 소수 인종에 대한 차별

초기 미국인들은 자신들이 합법적인 정부를 세우고 크리스트교 문명을 발전시키는 데 성공한 선택된 민족이라고 생각했어요. 그래서 백인을 제외한 다른 유색 인종에 대해서 편견과 차별의 눈을 갖게 된 거예요. 1859년 캘리포니아주는 백인의 혈통 보존을 위해 유색인과의 결혼을 법적으로 금지했어요. 1867년 샌프란시스코 차이나타운에서는 백인들의 소행으로 보이는 큰 화재가 일어났고, 1882년에는 10년 동안 중국인이 이주하는 것을 금지하는 법이 제정되기도 했답니다.

1964년 시애틀에서 차별에 맞서는 흑인들
ⓒ Seattle Municipal Archives from Seattle, WA

3 간디와 비폭력 저항주의

마틴은 방학을 이용해 여러 가지 일을 했어요.
그리고 그 과정에서 다시 한번 인종 차별을
겪기도 했습니다.

조심하세요,
아저씨!

고맙네, 젊은이.

거기 검둥이!
다른 사람 일에 신경 쓸
시간 있으면 네 일이나
더 열심히 해.

제 이름은
검둥이가 아니라
마틴 루서 킹입니다.

60 마틴 루서 킹

잠자는 흑인들을 깨워 줄 생명 같은 글을 찾고 싶어!

이즈음 마틴은 하워드 대학 존슨 총장의 강연을 들을 기회가 있었습니다.

저는 50일 동안 인도를 여행하면서 간디에 대해 많은 것을 알게 되었습니다.

이 강연에서 간디의 비폭력 저항주의 사상을 접한 마틴은 큰 감명을 받게 됩니다.

간디는 이런 말을 했더군요. "자유를 얻으려면 피를 강물처럼 흘려야 한다. 하지만 그 피는 반드시 우리의 피여야 한다." 라고요.

그래, 맞아!

이대로는 안 돼!

누군가 앞장서서 백인들 마음 깊이 박혀 있는 저 차별의 장벽을 무너뜨려야만 해.

마틴 루서 킹은 해결하지 못한 과제를 안은 채, 1951년 6월 크로저 신학교를 수석으로 졸업하였습니다.

졸업 축하한다. 너 주려고 산 자동차야.

우아, 정말 멋져요!

감사합니다, 아버지!

마틴은 졸업식에서 우등상과 1,200달러의 장학금을 받았습니다.

하하하! 네 몫으로 저금해 두었던 돈으로 산 거란다.

그 말은 곧 네게 줄 학비가 다 떨어졌다는 말이기도 하지!

그분들의 영향으로
신앙에 대해 더 깊이 알게 되었는데,
이제는 강의를 직접 듣게 되었어.

신앙이란 불변의 가치가
아니라 투쟁과 성장의
과정입니다.

신은 사랑의
존재예요.

그 사랑은 인간이
경험하는 모든
괴로움과 구원의 과정
그 자체이지요.

역시 브라이트먼 교수님의
이론은 훌륭해.

인간의 가치와
존엄에 대해
다시 생각하게 돼.

코레타 양이 너무 아름다워 제 차가 초라해 보이네요.

코레타는 사회 문제에도 관심이 많았어요. 마틴은 첫눈에 그녀가 운명의 여인임을 알 수 있었습니다.

벨라미가 쓴 《뒤돌아보며》 읽어 봤어요? 현실 탐구 정신과 사회 사상가로서의 통찰력이 대단한 사람이에요.

말씀을 참 잘하시네요. 마치 교향악을 듣고 있는 것 같아요.

이 교향악을 매일 듣게 해 드리고 싶군요.

무슨 뜻인가요?

그, 그러니까 당신은 제 기대에 꼭 들어맞는 분이라 이거죠.

그, 그러니 당신과 맺어지고 싶고, 아, 아니 우리는 언젠가 꼭 맺어질 것 같은 느낌이……

풉!

평등한 사회

사람은 누구나 차별받지 않고 동등한 대우를 받으며 평등하게 살아갈 권리가 있습니다. 하지만 다수의 힘이나 권력에 의해 인간의 존엄성이 제대로 지켜지지 않는 경우도 있어요. 그래서 국가는 인간의 기본권을 헌법으로 정해 놓고 기본권을 보장하기 위해 노력하고 있답니다.

대한민국 최초의 제헌 헌법서 ⓒ Rheo1905

하나 인간은 모두가 평등해요!

헌법에서 보장하는 기본권은 인간답게 살 권리를 뜻하기 때문에 일반적으로 '인권'과 비슷한 의미로 사용해요. 국가는 국민이 기본권을 최대한 보장받을 수 있도록 여러 기관들을 설립해 놓았지만 국가의 안전 보장이나 질서 유지 및 공공복지 등에 위협이 되는 행동을 할 경우에는 나라와 다수 국민의 안전을 위해 개인의 기본권을 일부 제한하는 것이 가능하답니다.

who? 지식사전

헌법 재판소에서 헌법 소원에 대한 심의를 하고 있습니다.

기본권을 보장하기 위한 기관들

개인의 기본권이 무시당하거나 차별받는 경우가 발생했을 때 우리는 법으로 부당함을 호소할 수 있어요. 국민의 기본권을 보장하기 위한 가장 대표적인 기관은 사법 기관인 '헌법 재판소'예요. 헌법 재판소는 인간의 기본권을 최대한 존중하여 공정한 심판을 내린답니다. 또, 기본권을 보장하는 행정 기관으로는 '국민 권익 위원회'가 있어요. 국민 권익 위원회는 불합리한 행정 제도를 개선하고, 정치적인 부패를 방지하며, 국민의 권리를 보호하기 위해 2008년도에 새롭게 탄생했어요. 이 기관은 행정 기관의 부당한 처분이나 잘못된 제도, 정책 등으로 인해 침해된 국민의 권리와 불편 · 불만 사항을 제보받아 신속하게 처리하고 있답니다.

둘 〈 국민이 가지는 기본권은?

국민의 기본권은 크게 다섯 가지가 있습니다. 자유권, 평등권, 참정권, 청구권, 사회권이지요. 지금부터 국민의 기본권이 무엇인지 자세히 알아봅시다.

국민의 인권 의식 향상을 위해 일하는 국가 인권 위원회
ⓒ National Human Rights Commission of Korea

자유권: 타인이나 국가에 의하여 개인의 자유를 침해 당하지 않을 권리를 말해요. 신체의 자유, 거주 이전의 자유, 종교의 자유, 직업 선택의 자유, 언론·출판의 자유, 사유 재산권 행사의 자유 등이 개인이 가지는 자유권의 종류랍니다.

평등권: 법 앞에서 누구나 평등하며 차별 없이 기회를 가질 권리를 뜻해요. 힘이 있든 없든, 돈이 많든 적든, 피부색이나 성별에 상관없이 모든 이들은 법 앞에서 평등하게 대우받아야 한다는 뜻이지요.

참정권: 성인이 되면 선거를 통해 국민의 대표를 뽑을 수 있는 권리가 생겨요. 이렇게 개인이 정치에 참여할 수 있는 권리를 참정권이라 한답니다. 참정권에는 선거권, 피선거권, 국민 투표권 등이 있답니다.

국민의 기본권 보장을 요구하는 시민 단체

청구권: 기본권이 침해받는다면 개인은 기본권을 지키기 위해 노력해야겠죠? 청구권은 국민의 기본권을 보장하기 위한 기본권이에요. 청원권, 재판 청구권 등을 통하여 자신의 기본권을 지킬 수 있답니다.

사회권: 국민이 생존을 유지하거나 인간다운 생활을 할 수 있도록 국가에 요구할 수 있는 권리를 사회권이라고 해요. 일자리를 제공하고 적정 임금을 보장해 주는 근로권과 교육을 받을 수 있는 교육권, 건강하고 쾌적한 환경에서 생활할 환경권 등이 사회권에 속하지요.

반기문 전 유엔 사무 총장이 세계 인권 선언 기념일을 축하하고 있습니다. ⓒ National Human Rights Commission of Korea

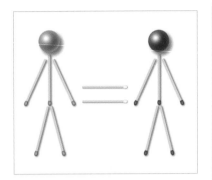
'='은 평등을 상징하는 기호입니다. ⓒ Sigurdas

셋 ✦ 평등 정신을 되새겨 보아요!

사람은 누구나 태어날 때부터 자유롭고 평등한 권리를
가지고 있습니다. 따라서 서로 존중하고 배려해야 하는 것은
당연한 일이겠지요. 하지만 몇몇 사람들은 많이 배웠거나
발전된 문화권에 산다는 이유로 자신이 남보다 우월하다고
생각해요.
하지만 개개인은 그 누구보다 우월하지 않아요. 환경의 차이로
생활방식이 다르거나 나라, 지역마다 각각 독특한 특성을
갖고 있을 뿐이에요. 어떤 상황에서도 '사람은 누구나 똑같은
인권을 갖고 있다.'라는 생각을 항상 잊지 말아야 합니다.

넷 ✦ 평등 사회를 위한 발걸음 '존중과 이해'

자신이 남보다 더 우월하다고 생각하는 사람들 때문에 아직도
세계 곳곳에서는 전쟁과 분쟁이 끊이지 않습니다. 서로의
인권을 존중하고, 다른 사람들의 문화와 생활을 이해한다면
평화롭고 평등한 사회를 만들어 갈 수 있을 거예요.
다른 사람이 나보다 못하다고 무시하지 않는 것! 나와
다르다고 차별하지 않는 것! 상대방의 의견을 존중하고 열린
마음을 갖는 것! 우리들이 할 수 있는 가장 쉽고 훌륭한 인간
존중의 길이랍니다.

사람들이 평등 사회를 만들기 위한 캠페인을
벌이고 있습니다.

다섯 ✦ 평등한 사회를 함께 만들어요!

평등한 사회를 위해 우리가 노력해야 할 점은 무엇일까요?
가장 쉬운 방법은 다른 사람에게 어떤 말이나 행동을 하기
전에 먼저 그 사람의 입장이 되어 생각해 보는 거예요.
그렇다면 실수를 하거나 상대방에게 상처를 주지 않을 수
있어요.

생활 속에서 '평등'에 대해 생각해 보기

첫째, 내가 다니는 학교에 전학생이 왔어요. 모든 것이 낯설고 새로울 텐데 아무도 도와주지 않네요. 혹시 여러분도 낯선 장소에 가거나 낯선 사람을 만나 본 경험이 있나요? 그때의 심정이 어땠는지 떠올려 보세요.

둘째, 친구들은 새로 온 아이에 대해 제대로 알지 못하면서 험담을 해요. 그런 말을 들으면 전학생의 기분은 어떨까요? 내가 그 아이라면 어떤 기분이 들지 생각해 보세요.

셋째, 여러분은 남에게 존중받고 싶나요? '가는 말이 고와야 오는 말이 곱다'라는 속담처럼 내가 존중받고 싶다면 나 역시 누군가를 존중할 줄 아는 사람이어야 해요.

평등한 사회를 위해서는 높고 낮음이 없어야 합니다.

평등 사회는 우리 모두가 힘을 합쳐 이루어 내야 해!

who? 지식사전

대한민국 국민의 의무

국가가 국민의 기본적인 인권을 보장할 의무를 지니는 것처럼 국민도 국가를 구성하는 일원으로서 지켜야 할 의무가 있어요.

- 국토 방위의 의무: 한 나라의 국민으로서 나라를 수호하는 일이에요.
- 납세의 의무: 국가는 국민에게 복지를 제공하고 국민은 세금을 내야 한답니다.
- 교육의 의무: 교육은 개인의 행복과 국민의 생활 수준을 높이는 데 꼭 필요하므로 국민 모두가 일정 기간 교육을 받을 의무가 있답니다.
- 근로의 의무: 근로를 통해 사람들은 경제적 안정을 누릴 수 있어요.
- 환경 보전의 의무: 국민은 깨끗한 환경을 지키기 위해 환경을 오염시키지 않을 의무가 있답니다.

국방의 의무를 다하는 군인

4 몽고메리 승차 거부 운동

여보, 무슨 고민 있어요?

박사 논문만 쓰고 나면 일자리를 알아봐야 하는데 아직 뭘 할지 정하지 못했어요.

여러 곳에서 목사나 교수 제의가 들어오고 있긴 한데 아직 확신이 서질 않아서……

당신이 좋아하고 잘할 수 있는 일을 선택해요.

당신에게 피해가 가지 말아야 할 텐데.

내 걱정은 하지 말아요.

당신이야말로 남부 교회의 목사로서 많은 어려움과 희생이 따를 거예요.

당연히 내가 짊어져야 할 숙제인 걸요.

1954년 10월 31일, 덱스터 애버뉴 교회의 목사가 된 마틴을 위해 아버지 킹 목사가 앞날을 축복하는 설교를 해 주었습니다.

내 아들, 아니 킹 목사는 우리 에베니저 교회 부목사로 예정되어 있었는데 뺏겨 버렸네요.

하하하하

아버지! 아버지의 그림자를 따라 여기까지 왔습니다. 첫걸음을 내딛는 이 아들을 위해 기도해 주세요.

*보이콧: 어떤 일을 공동으로 거부하는 일

성직자와 시민 대표들이 모여 이 문제에 대해 논의해 봅시다.

좋습니다. 우리 교회에서 모이기로 하죠.

다음 날, 각 분야를 대표하는 흑인들이 덱스터 애버뉴 교회에 모여 승차 거부 운동에 대해 논의했습니다.

저는 몽고메리 종파 연합 의장인 베네트 목사입니다.

시간이 없습니다. 월요일부터라도 당장 버스 보이콧 운동을 시작합시다.

킹 목사를 비롯한 몇 분이 *성명서를 작성해 주세요.

알겠습니다.

*성명서: 정치적 · 사회적 단체나 그 책임자가 일정한 사항에 대한 방침이나 의견을 알리는 글

어떻게 됐습니까?

대성공이에요.
버스를 타고 가는 흑인은
단 한 사람도
없었습니다.

그럴 줄 알았어.
이대로 버스 보이콧 운동을
더욱 몰아붙입시다!

그래야지요.

반드시 이 싸움에서
이겨 흑인의 권리를
되찾아야만 합니다.

하지만 기쁨도 잠시,
파크스 부인은 첫 번째 심판에서
유죄를 선고받습니다.

흑백 분리법을 위반했으므로
로자 파크스에게 벌금 10달러와
재판 비용 2달러를 합쳐 12달러를
지불할 것을 판결합니다.

땅
땅
땅

마틴 루서 킹의 멘토

간디와 함께 비폭력 저항 운동을 벌이는 사람들

마틴 루서 킹은 여러 멘토를 통해 비폭력 시위의 가치를 배우고, 그것을 실천할 수 있는 용기를 얻었습니다. 그에게 비폭력 저항 정신을 심어 준 정신적 지도자들을 알아봅시다.

> 하나 **인도의 민족 지도자, 마하트마 간디**

마틴 루서 킹이 가장 많은 영향을 받은 인물은 인도의 정치가이자 민족 운동 지도자인 마하트마 간디입니다. 간디는 영국의 식민지였던 인도의 독립 운동에 앞장섰던 사람으로 비폭력 저항 정신을 세상에 전파한 인물이에요. 그는 영국의 정책에 협력하지 않는 방법으로 저항했어요. 영국 정부에 세금을 내는 것, 영국 국가 기관에서 일하는 것을 거부했으며, 영국 상품을 사지 않는 등 조용하지만 힘 있는 비폭력 저항을 실행해 나갔어요. 간디는 "한 사람이 비폭력이나 불복종을 실천하는 것이 가능하다면 모든 사람도 가능하다."라며 인도인들을 일깨우고 늘 대중과 함께 활동하며 스스로 모범을 보였습니다.

간디의 박애주의는 적대국이었던 영국인들도 감동시켰습니다.

who? 지식사전

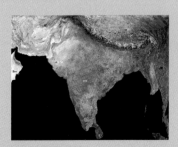

인도의 지리적 위치

식민지 시대 인도의 모습은 어떨까?

인도는 19세기 이전 아시아 무역의 중심지로 후추와 향신료, 양모의 생산이 활발했어요. 당시 유럽 국가들이 인도를 식민지화하려고 신경전을 벌였고, 인도는 결국 1877년 영국의 식민지가 되었지요. 영국의 식민지로 있는 동안 인도인은 극심한 차별 대우와 인권 침해를 받았어요. 영국인은 인도 민족을 분열시키기 위해 힌두교와 이슬람교를 분리시키는 야비한 정책을 펴기도 했지요. 이에 분노한 인도인들은 영국의 식민 정책에 대항하며 독립운동을 해 1946년 7월에 드디어 독립을 맞이했답니다.

이러한 이유로 이제 그는 인도뿐만 아니라 전 세계인의 정신적 스승으로 귀감이 되고 있답니다.

남아프리카 공화국 최초의 흑인 대통령
넬슨 만델라

둘 인권 운동가, 넬슨 만델라

넬슨 만델라는 남아프리카 공화국 최초의 흑인 대통령으로 백인 정권의 인종 차별에 맞서 투쟁한 인권 운동가입니다. 인종 차별이 심했던 남아프리카 공화국에서 넬슨 만델라는 차별적 사회를 개선하고자 청년 동맹과 민족 회의를 결성하고 저항 운동을 했습니다.
국가 반역죄로 체포되어 종신형을 선고받지만 27년 만에 기적적으로 풀려나 자유 총선거를 통해 남아프리카 공화국의 대통령이 되었답니다.
그가 대통령에 당선되자 백인의 절반 이상이 흑인 정권을 부정하며 남아프리카 공화국을 떠났습니다. 하지만 그는 백인들에게 정치 보복을 가하지 않고, 화해와 관용으로 흑백 화합을 유도하며 평화주의를 실천하는 데 온 힘을 쏟았답니다. 그의 이런 노력과 업적은 세계적으로 높이 평가되어 1993년에는 노벨 평화상을 수상하기도 했습니다.

넬슨 만델라의 석방을 요구하는 시위 © Senft, Gabriele

남아프리카 공화국의 '아파르트헤이트'란?

백인 전용을 알리는
아파르트헤이트 표지판

아파르트헤이트는 미국의 흑백 분리법처럼 남아프리카 공화국에서 시행된 악명 높은 인종 분리 정책이에요. 백인 정권 아래 남아프리카 공화국에서 널리 시행되었답니다. 아파르트헤이트는 백인, 흑인, 유색인 등 인종에 따라 등급을 나누고, 거주지와 출입 구역을 분리했습니다. 또 백인은 같은 인종 외에 다른 인종과의 혼인을 금지시켰답니다. 남아프리카 공화국 내에서 아파르트헤이트에 대한 불만이 터져 나오고 국외에서도 비난이 이어지자 1991년, 클레르크 대통령이 관련 법률 대부분을 폐지했고, 1994년에 넬슨 만델라가 대통령으로 당선되면서 완전히 폐지되었답니다.

야구 선수, 재키 로빈슨

재키 로빈슨은 미국 메이저리그 야구 역사상 최초의 아프리카계 흑인 선수입니다. 1947년부터 1956년까지 브루클린 다저스의 선수로 활동했던 그는 인종 차별의 편견을 깨고 당당히 능력을 인정받았을 뿐만 아니라 은퇴한 후에도 마틴 루서 킹과 함께 흑인의 인권을 신장시키기 위해 노력했답니다.

재키 로빈슨의 활약

재키 로빈슨을 본떠 만든 실물 크기의 모형
ⓒ InSapphoWeTrust

재키 로빈슨이 처음 경기에 나갔을 땐 흑인이라는 이유만으로 관중들의 야유를 받았어요. 같은 팀 선수들조차 그와 뛰기를 거부했지요. 하지만 그는 동료들의 따돌림과 관중들의 야유에도 불구하고 강인한 투지와 집념으로 놀라운 활약을

메이저리그에서 영구 결번이 된 재키 로빈슨의 등번호 42번
ⓒ Ghetto9678

보이며 흑인 선수에 대한 편견을 날려 버렸어요. 그는 선수로 뛴 첫해에 내셔널리그에서 신인왕을 수상하고, 1949년에는 MVP를 차지하면서 곧 유명 인사가 되었어요. 게다가 여섯 번이나 올스타 게임에 출전했으며, 1957년 당뇨병으로 은퇴한 후 흑인 최초로 메이저리그 야구 경기 방송을 진행하기도 했답니다.

재키 로빈슨이 데뷔한 지 50년 되던 해인 1997년, 메이저리그 사무국은 그의 등 번호였던 42번을 누구도 사용할 수 없도록 영구 결번시키며 그의 업적을 높이 기렸답니다.

또한 2004년에는 그의 데뷔일인 4월 15일을 '재키 로빈슨 데이'로 지정하여 기념 행사를 하기도 했어요.

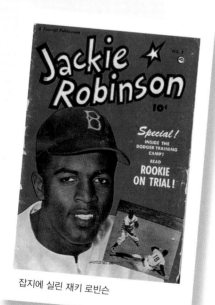

잡지에 실린 재키 로빈슨

소설《앵무새 죽이기》는 하퍼 리의 소설로 1960년에 출판되어
큰 인기를 끌며 미국 현대 소설의 고전으로 자리 잡은 영향력
있는 책입니다. 이 소설이 주목 받는 이유는 미국의 인종
문제를 다룬 책 중에서 대중에게 가장 널리 읽혔으며 인종
차별의 불의에 대해 지적하고 있기 때문이에요.
책의 제목인 '앵무새 죽이기'는 해를 끼치지 않고 즐거움을
주기 위해 노래하는 앵무새를 죽이는 것을 인종 차별에
비유한 거예요. 잘못된 편견으로 죄 없는 사람을 질타하고
처벌하려는 백인 우월주의를 날카롭게 꼬집은 것이지요.

《앵무새 죽이기》 책 표지 © MrSchuReads

《앵무새 죽이기》의 주인공, 핀치 변호사

작가 하퍼 리는 그녀가 10세 때인 1936년에 마을 근처에서
벌어진 사건을 재구성하여 소설로 옮겼습니다.
마을 사람들의 존경을 받는 변호사 핀치는 어느 날 백인
여성을 성폭행했다는 혐의를 받은 흑인 남성 톰 로빈슨의
변호를 맡게 되었어요. 1930년대에는 인종 차별이 워낙
심할 때라 흑인을 변호하는 것은 주변의 비난뿐만 아니라
자신의 가족이 당할 피해까지 각오해야 하는 가혹한
선택이었지요. 하지만 핀치는 그가 무죄라는 것을 알고는
정의와 관용의 정신으로 그를 변호했습니다. 핀치는 톰의
무죄를 입증할 만한 증거를 밝혀내지만 배심원들은 톰에게
유죄를 선고했고, 절망한 톰은 감옥을 탈출하려다 총에
맞아 죽고 말아요.

《앵무새 죽이기》의 작가 하퍼 리 © MrSchuReads

소설은 비극적인 결말로 끝났지만 사람들은 이 소설을
보면서 자신이 평소 갖고 있던 사람에 대한 편견을 반성하고
후회하게 되었어요. 소설《앵무새 죽이기》의 주인공 핀치
변호사는 인종 차별을 극복한 용기 있는 사람이랍니다.

5 밝아 오는 여명

파크스 부인 사건으로 시작된 버스 보이콧 운동은 대부분의 흑인들이 참여한 가운데 대대적으로 진행되고 있었습니다.

아이고!

할머니, 괜찮으세요?

난 괜찮아. 내 손자 손녀들이 차별 없는 세상에서 살 수 있다면 이 정도 고통은 아무것도 아니지.

버스 보이콧 운동이 쉽게 끝날 것 같지 않자 당황한 시 당국이 먼저 협상을 제안해 왔습니다.

킹 목사!
저자가 문제로군.

이후에도 버스 보이콧 운동은
전혀 위축되지 않았습니다.
그러자 시장은 12월 17일에 공무원과
흑인 대표가 참여하는
시민 위원회를 열었습니다.

해결책을 가지고
오셨나요?

물론이지요.

문제 해결을
방해하고 있는 사람은
다름 아닌 바로 당신,
킹 목사입니다.

당신만 없으면
사태는 해결될
것이오.

그게 무슨
말이오?

흑인을 대표하는 성직자 세 명이 시 위원들과 협상을 해서 버스 보이콧 문제를 해결했다는 기사가 나왔어요.

뭐라고요?

우리가 여기 있는데 누가 흑인 대표로 협상을 한단 말이오?

거짓말이야. 우리를 분열시키려는 수작이 분명해.

지금 몇 시죠?

밤 11시입니다.

신문을 보고 운동이 끝났다고 생각하는 사람들이 많을 겁니다.

내일 아침 신문에 어제 기사가 거짓이었음을 알리는 기사를 실어야 해요.

욜란다!

콰아앙

와아아아

하나님의 보살핌으로 우리는
반드시 승리하게 될 것입니다.

킹 목사님!

목사님의 집이
폭파당했어요.

눈에는 눈, 이에는 이!
우리도 똑같이
대갚음해 줘야 합니다.

같은 생각입니다!

여러분, 그만
멈추세요!

폭력으로 대응한다면
저들에게 지는 것입니다.

우리는 폭도가 아닙니다.
흥분하지 말고 무기를
모두 내려놓으세요.

진정한 승리는
사랑으로만 얻을 수 있습니다.
우리는 끝까지 법과 질서를 지키는
선량한 시민이어야 합니다.

인권 운동의 두 갈래

흑인 인권 운동은 마틴 루서 마틴 루서 킹을 중심으로 한 비폭력 저항 운동이 이어지다가 1960년대 중반 맬컴 엑스와 같은 흑인 분리주의자들의 영향력이 강화되면서 과격한 양상을 보였습니다. 그럼 두 인권 운동에 대해 알아봅시다.

하나 | 폭력 저항

힘으로 목적을 이루려는 폭력 저항은 건물을 파괴하거나 타인의 신체에 해를 가하기도 합니다. 이렇게 함으로써 공포심을 불러일으켜 자신의 목적을 강요하는 것이지요. 이들은 자신들의 목적을 위해서라면 관련이 없는 사람들의 희생도 당연하게 생각하고, 심지어 자기편에게조차 상황에 따라 희생을 강요한답니다.

폭력 저항의 대표자, 맬컴 엑스

흑인 인권 운동가 중 폭력 저항주의를 대표하는 인물은 맬컴 엑스입니다. 그는 흑인 인권을 회복하기 위해서는 폭력으로 백인에게 저항해야 한다고 생각했어요. 그리고 블랙 파워 운동을 일으키며 독립된 흑인 사회를 건설하자고 주장했습니다.

블랙 파워를 주장한 맬컴 엑스의 실물 모형
ⓒ cliff1066™

who? 지식사전

맬컴 엑스의 블랙 파워 운동이란?

맬컴 엑스가 주장한 블랙 파워 운동은 1960년대에 발현되었습니다. 당시 그는 백인 사회로부터 이탈해 그들만의 사회를 구성하고, 흑인으로서 자긍심을 세워야 한다고 주장했어요. 더 나아가 백인을 '푸른 눈의 악마'라고 규정하고, 백인을 몰아내자는 블랙 파워 운동을 전개하며 폭력 저항 운동을 선동했답니다.

기자 회견에 참석한
맬컴 엑스

맬컴 엑스의 불행한 과거

맬컴 엑스는 1925년 미국에서 목사의 아들로
태어났습니다. 그의 아버지는 미국의 흑인들에게 조상의
땅인 아프리카로 돌아가야 한다고 주장하다가 백인들에
의해 살해됐어요. 어린 시절 끔찍한 가난 속에서 허드렛일을
하며 자란 맬컴 엑스는 흑인 빈민가에서 범죄를 저질러
교도소에 수감되기도 합니다. 그는 교도소에 있는 동안 삶의
방향을 바꾸어 책을 읽고, 영어 공부와 라틴어 통신 강좌까지
수강하면서 지식을 쌓습니다.

뉴욕 맨해튼의 맬컴 엑스 거리 ⓒ Phillie Casablanca

마틴 루서 킹을 비판한 맬컴 엑스

맬컴 엑스는 출소 후 백인에게 적대적이었던 이슬람 운동권에
합류합니다. 그는 곧 특유의 조직력과 카리스마로 흑인
무슬림 단체의 지도자로 인정받게 되지요. 맬컴 엑스는
비폭력 저항을 주장한 마틴 루서 킹을 비판했어요. 비폭력
저항만으로는 인권을 되찾을 수 없다고 생각했기 때문이에요.
이러한 과격한 저항 방식으로 맬컴은 백인들의 적이
되었답니다.

인권 운동가 마틴 루서 킹과 맬컴 엑스의 만남

맬컴 엑스의 변화

맬컴 엑스의 극단적인 행동은 서서히 변하기 시작했어요.
그는 1964년 이슬람교 최고 성지인 메카를 순례하며 인종과
종족을 초월하여 무슬림이 하나로 합쳐지는 체험을 하게
돼요. 그때부터 그는 백인과 협력할 수 있다는 희망을 가지고
백인과 흑인이 평화롭게 공존하는 방법을 찾게 됩니다.
사우디아라비아의 메카에서 돌아온 그는 이전과는 달리
협력을 강조하는 방향으로 나아가며 미국 내 인종 차별이
보편적인 인권 문제라는 점을 인식하지요.
그 후 맬컴 엑스는 아프리카계 미국인 단결 기구를 이끌면서
미국 각지는 물론 해외의 여러 나라를 방문해 흑인의 인권
문제와 인종 간의 평화에 대한 메시지를 전달했답니다.

맬컴 엑스가 순례했던 이슬람교 성지, 메카
ⓒ Bless sins

암살당한 맬컴 엑스

한때 몸담았던 이슬람 운동권의 사람들은 맬컴 엑스의 태도
변화에 비난과 저주를 퍼부었습니다. 결국 1965년 2월 21일,
맬컴 엑스는 연설 도중 폭력적인 이슬람 운동가가 쏜 총탄을
맞고 쓰러졌어요. 그의 나이 39세로 마틴 루서 킹이 암살된
나이와 같아요.

비폭력 평화주의를 전파한 간디

둘   비폭력 저항

비폭력 저항이란 폭력을 반대하며 폭력 이외의 방법으로
사회적 문제를 해결하거나 자신들의 목적을 이루려고 하는
것을 말합니다. 마틴 루서 킹도 비폭력 운동으로 인종 차별
철폐와 노동자들의 평등을 주장했어요.

비폭력주의자, 간디: 일반적으로 민족의 독립은 싸워서
쟁취해야 하기 때문에 폭력이 커다란 역할을 하기
마련이에요. 하지만 인도만큼은 간디의 영향에 힘입어
평화적으로 독립운동이 진행되었다는 점이 특징적이지요.
아직까지도 간디의 비폭력주의는 인류의 역사에 길이
남을 업적으로 평가되고 있답니다.

who? 지식사전

미국과 이슬람의 뿌리 깊은 갈등

미국과 이슬람 간의 대립은 제2차 세계 대전 후 복잡하게 얽혀 있어요. 미국은 처음에는 아랍 국가들의 독립을 유지하는
정책을 펼쳤어요. 그런데 소련이 중동 전쟁을 일으키자 미국은 이스라엘을 통해 아랍 국가들에 개입하려 들었답니다. 미국의
이중적 태도에 화가 난 아랍 국가들은 미국의 개입을 막으려고 이스라엘을 기습했지만 패했어요. 이후 이집트마저 미국에
우호적으로 돌아서자 아랍 국가는 석유 파동을 일으켜 서방 국가들을 흔들어 놓는 데 성공해요. 미국은 아랍의 요구를
받아들여 평화를 유지하려는 한편 분열시키려는 술책을 펼치죠. 이렇게 혼란스러운 상황 속에 이스라엘은 날로 강해져 주변
아랍 국가를 점령했고, 절망에 빠진 아랍 국가들은 테러를 통해 미국에 보복을 가했답니다. 그 결과 미국 내에서 아랍은 테러
국가이고 이스라엘은 우호적인 나라라는 생각이 강해졌어요.

마틴 루서 킹의 선택: 마틴 루서 킹은 청년 시절, 비폭력 저항과 인종 차별 철폐 및 식민지 해방과 같은 간디의 사상에 깊이 감명받았습니다. 1955년 몽고메리에서 벌어진 '버스 승차 거부 운동'으로 마틴 루서 킹은 국내외에 흑인 지도자로 명성이 높아졌어요. 그는 간디의 정신을 받들어 비폭력 저항 운동으로 미국 사회를 통합하자고 노력했습니다.

마틴 루서 킹의 업적을 기리는 동상

마틴 루서 킹의 변화: 마틴 루서 킹은 인권법과 투표권법의 제정을 통해 미국 사회의 통합이 달성된 것이라 생각했습니다. 하지만 북부 대도시에서 발생한 흑인들의 반란을 보면서 법과 정치적인 평등만으로는 사회가 완전히 통합되기 어렵다는 것을 깨달았어요.

그는 오랜 세월 문화적 혜택을 받지 못한 흑인들에게 지식과 경제력이 뒷받침되지 않으면 근본적인 평등은 이루어지지 않는다는 것을 느꼈어요. 그래서 사회 구조의 근본적인 변화가 필요하다고 주장했지요.

또한, 그는 미국이 참전하는 베트남 전쟁에 반대하며 정부를 강력하게 비판했어요. 흑인 인권을 넘어 인류 전체의 평등과 평화를 주장하고자 했던 것입니다.

마틴 루서 킹의 거리. 마틴 루서 킹의 유명한 연설 한 구절이 적혀 있습니다.

강경파와 온건파의 차이

흔히 폭력 저항과 비폭력 저항으로 나뉘는 인권 운동은 그 성격에 따라 강경파와 온건파로 구분할 수 있어요. 강경파는 폭력 저항으로 과격한 행동을 통해 힘의 우세를 보여 주자는 쪽으로 직접적 행동을 원칙으로 해요. 온건파는 비폭력 저항으로 대화와 설득, 화합을 통해 문제를 해결하자는 원칙을 지키는 쪽이에요. 쉽게 말하자면 맬컴 엑스는 강경파에 속하고, 마틴 루서 킹은 온건파에 속한다고 할 수 있답니다.

6 계속되는 시련

몽고메리의 버스 보이콧 운동은 승리했지만 백인의 반격은 점점 더 거세졌습니다. 그 당시 마틴 루서 킹은 몽고메리 버스 보이콧 운동의 여정을 담은 책 《자유를 향한 위대한 행진》을 출간했습니다.

축하드립니다, 목사님.

고맙습니다.

한 백화점에서 마틴 루서 킹이 책의 출판을 기념하여 사인회를 열었을 때입니다.

헉!

당신이 마틴 루서 킹 목사입니까?

그런데요?

마틴 루서 킹은 사인을 하던 도중 정신이 온전하지 못한 흑인 여성에게 편지 개봉용 칼로 가슴을 찔리고 말았습니다.

왜, 왜 나에게…….

빨리 수술 준비해!

날카로운 칼끝이 대동맥에 닿아 있습니다. 상태가 심각해요.

제발 목사님을 살려 주세요.

힘든 수술이었지만 성공적으로 마무리되어 마틴 루서 킹은 사흘 만에 휠체어를 타고 움직일 수 있게 되었습니다.

걱정을 끼쳐 미안합니다.

목사님, 깨어나셨군요.

얼마나 걱정했다고요.

세계 각지에서 목사님의 안부를 묻는 편지가 왔습니다.

1959년 2월 3일,
마틴 루서 킹은 부인 코레타,
친구 로렌스 레딕 박사와 함께
인도로 향했습니다.

인도인들은 간디의
비폭력 운동을 실천한
마틴 루서 킹 일행을
환영했습니다.

몽고메리
버스 승차 거부 운동에
관한 신문 기사를 보고
큰 감명을 받았어요.

공감해 주셔서
고맙습니다.

이상해. 인도 국민은
가난하게 살고 있는데
불행해 보이지 않는
이유가 뭘까?

뿐만 아니라 이렇게
가난한데도 남의 것을 탐하지
않고, 범죄율도 아주 낮아.

오랫동안 이 많은
사람들을 행복하게
만든 비결이 궁금하군.

인도에서 돌아온 마틴 루서 킹은 남부 교회 지도자 협의회의 제안을 받아들여 5년 동안 일해 온 몽고메리를 떠나 애틀랜타로 가게 됩니다.

킹 목사, 저 골칫 덩어리가 여긴 왜 온 거야?

애틀랜타에 잘 오셨어요.

환영합니다, 킹 목사님!

제대로 대처하지 않으면 이곳도 시끄러워지겠군.

위협을 느낀 반대 세력들은 마틴 루서 킹을 공격했습니다.

킹 목사가 몽고메리에 있을 때 소득세를 허위로 기재한 사실이 있어 고소합니다.

잘난 체하더니 킹 목사도 별수 없군.

그동안 돈을 얼마나 빼돌린 거야?

1960년 6월,
마틴 루서 킹은 케네디 대통령
후보를 만나게 됩니다.

반갑습니다,
의원님. 이제야
뵙는군요.

죄송합니다. 선거를
앞두고 있어서 많이
바빴어요.

그렇죠.
저도 그 문제에
많은 관심을
갖고 있어요.

의원님, 인종 차별
문제에 대한 잘못된 법
개정이 꼭 필요합니다.

그리고 더 고쳐야
할 것이 있다면
언제든지 연락 주세요.
기다리겠습니다.

힘들게 만난
보람이 있네요.

케네디 의원을 만나고 몇 달 뒤

브레어라는
노스캐롤라이나
대학의 학생이
보낸 편지예요.

어떻게
하실 거예요?

가 봐야지. 학생들이
나를 원하는데 어떻게
모른 척할 수
있겠는가?

식당에서의
인종 차별을 바로잡기
위해 시위를 하는데
나보고 와 달라는군.

킹 목사님!

와 주셔서 고맙습니다. 목사님이 함께해 주시는 것만으로도 저희에겐 큰 힘이 됩니다.

수고가 많군요. 여러분의 노고는 헛되지 않을 거예요.

저기 있다! 불법 농성자들을 모두 체포해!

마틴 루서 킹은 280여 명의 학생들과 함께 체포되었습니다.

내가 가는 곳엔 어디든 경찰이 있군.

하지만 상인들이 고소를 취소해 6일 만에 풀려나게 됩니다.

수고 많으셨습니다.

나보다 어린 학생들이 고생했지.

*집행 유예: 징역 또는 금고형이 선고된 범죄자에게 일정 기간 형의 집행을 미루는 일. 이 기간에 사고 없이 넘어가면 형의 효력이 없어진다.

그리고 얼마 후,
마틴 루서 킹은 또다시 재판을 받게 됩니다.

이사 온 지
얼마 되지 않아
미처 바꾸지 못했습니다.
곧 바꿀 거예요.

거기,
면허증 좀
봅시다.

이건 우리 주의
면허증이 아니잖아?
법규 위반이군.
벌금형이오.

며칠 후

킹 목사,
재판에 나와야겠소.

벌금형이라고
했잖아요?

알고 보니 *집행 유예
기간이더군.

말도 안 돼!

집행 유예 기간 중에 법을 어긴 죄로
마틴 루서 킹은 6개월간 강제로 힘든
일을 해야 하는 벌을 선고받았습니다.

마틴 루서 킹은 교도소에 수감되었고,
교도관들은 마틴 루서 킹이 수치심을
느낄 만큼 함부로 대했습니다.

나와!

이 새벽에
무슨 일이오?

나오라면 나오지
웬 말이 많아!

나를 어디로
데려가는 겁니까?

알 것 없어.
차에 타기나 해!

마틴 루서 킹은 정신병이 있는 죄수나 교도관을 폭행한 죄수를 가두는 교도소의 독방에 갇혀 지내게 됐습니다.

지 식 + 6

KKK단과 인종 차별

흑인의 인권 운동이 한창일 때 미국 내에서는 백인 우월주의를
직접적으로 드러내는 단체와 간접적으로 유색 인종을
차별하는 사람들의 횡포가 심해졌습니다. 미국에서 어떤
방법으로 인종 차별이 일어났는지 알아봅시다.

얼굴을 흰 두건으로 가리고 다니는 KKK단

<table><tr><td>하나</td><td>백인 우월주의 집단 KKK단</td></tr></table>

큐 클럭스 클랜(Ku Klux Klan)

큐 클럭스 클랜은 백인이 가장 우월한 존재라는 신념 아래
유대인과 흑인을 죄인으로 간주하고 폭력적인 테러를
저지르는 미국 극우 비밀 결사 단체입니다. 흔히 영어
이름의 앞 글자를 따서 'KKK단'이라고 부르는데 인종 차별
주의자들의 모임과 단체를 이르는 말이지요.
1866년 미국에서 설립된 이 단체는 흑인의 정치적 진출을
막고, 자신들의 이해관계에 반대되는 자들에게 테러,
폭력, 협박 등을 가했어요. 또, 그들은 자신들이 백인
집단이라는 것을 과시하고 상대방을 주눅 들게 만들기
위해 흰색 천으로 얼굴을 가리고 위협적인 행동을
취했답니다.

who? 지식사전

KKK단의 상징
© Kamikazow

KKK단의 시작은?

KKK단은 미국 남북 전쟁 이후 북부에 패한 남부군에 의해 만들어졌습니다. 이들은 북부의 공화당
급진파들이 흑인을 정치 세력으로 끌어들이자 이에 반발해 1866년 KKK단을 결성하고 자신들만의
종교적 의식을 치르며 테러를 감행했습니다. 그뿐만 아니라 KKK단은 모든 유색 인종을 적대시하고,
그들을 지배하는 것을 목표로 활동했답니다.

자유와 평등을 위협하는 KKK단

KKK단의 횡포는 백인 사회까지 두려움에 떨게 할 만큼
매우 잔인하고 충격적이었습니다. 링컨이 흑인 노예제
폐지를 발표할 때에도 KKK단은 남부 각 주에서 해방된
흑인과 노예 해방을 지지했던 백인들까지 기습하여 테러를
저질렀지요.

처음에는 흑인을 대상으로 모멸감만 주려고 시작했던
범죄가 차츰 모든 유색 인종과 자신들의 기준에서
벗어난 행동을 하는 사람들에게까지 확대되었어요.
심지어 KKK단을 탈퇴하려는 이에게도 끔찍한 보복을
가했습니다.

KKK단의 폭력이 도를 넘어서자 1870년대에 그들의
폭력을 제지하기 위한 법이 제정되었어요. 이로 인해
KKK단은 해체된 것 같았지만 1960년대 흑인 인권 운동이
활발해지자 KKK단의 활동도 다시 시작됐어요.

이후, 연방 정부의 지속적인 단속과 인종 문제에 대한
의식 수준이 높아지면서 그 활동도 미미해지고 규모도
줄어들었답니다.

하지만 KKK단은 여전히 사라지지 않고 존재해요. 그들은
전 세계를 무대로 암암리에 세력을 넓혀 가고 있어서 인류가
해결해야 할 인종 관련 문제로 남아 있답니다.

또한 KKK단과 같은 목적을 가진 '스킨헤드'라는
단체가 등장해 인종 증오 범죄의 불씨를 태우고
있어서 인종에 관한 폭넓은 이해가 요구되고
있습니다.

다양한 형태로 위협적인 모습을 보이는 KKK단을
표현한 포스터 ⓒ pixeljones

극단적인 인종 차별은
되돌릴 수 없는 끔찍한
결과를 낳기도 해.

1921년 십자가를 불태우며 위협적인 모습을 보이는 KKK단

159

브래들리 효과는 소극적인 인종에 대한
편견을 의미합니다. ⓒ savebradley

매케인 후보와 선거에서 승리한
오바마 대통령을 그린 캐리커쳐
ⓒ Artcompas

둘 　소극적 인종 차별 '브래들리 효과'

인종 차별은 KKK단처럼 직접적으로 드러나는 경우도 있지만
소극적으로 표출되는 경우도 있습니다.

'브래들리 효과'란 1982년, 미국 캘리포니아 주지사 선거에
나온 톰 브래들리라는 흑인 후보의 사례를 통해서 생겨난
말이에요. 일부 백인들은 자신들이 가진 인종에 대한 편견을
숨기기 위해 투표하기 전 실시된 여론 조사에서 흑인 후보인
브래들리를 지지한다고 진술했어요. 하지만 실제 선거에서는
백인 후보인 조지 듀크미지언을 선택했지요.

브래들리 효과는 미국에서 유색 인종 후보가 선거 전 여론
조사에서 지지율이 높게 나왔다가 실제 선거에서는 낮은
득표율을 얻는 현상을 의미해요. 좀 더 넓은 의미로 백인이
가지고 있는 백인 우월주의를 꼬집는 말이기도 하답니다.
2000년대 이후로는 인종 차별이 많이 줄어들어 이런 현상이
거의 나타나지 않았어요. 2008년 미국의 대통령 선거에서
흑인인 버락 오바마 후보가 백인인 존 매케인 후보를 여유
있게 제치고 당선된 사례만 보더라도 인식이 바뀐 것을 알
수 있지요. 하지만 아직도 고위층의 흑인 지도자 수가 백인
지도자 수에 비해 상대적으로 적은 것을 보면 브래들리 효과가
작용한다는 것을 알 수 있답니다.

who? 지식사전

더글러스 와일더

브래들리 효과와 비슷한 '와일더 효과'란?

1990년 버지니아주 주지사 선거에서는 브래들리 효과와 비슷한 '와일더 효과'가 등장했어요.
흑인이었던 더글러스 와일더 후보가 선거 전에 실시한 여론 조사에서 백인 후보를 10% 이상 큰
차이로 앞서고 있다가 막상 선거 결과에서 0.3%라는 적은 차이로 간신히 당선된 것을 두고 와일더
효과라는 말이 생겨났지요. 브래들리 효과와 와일더 효과는 직접적으로 인종 차별이 드러나지는 않지만
소극적으로 나타나는 인종에 대한 편견을 의미한답니다.

유색 인종의 이민을 제한한 '백호주의'

1850년대 대량의 금광이 발견된 오스트레일리아에서는
금을 찾기 위한 중국인 이민자가 폭발적으로 늘어났어요.
값싼 중국인 노동자가 늘어나자 백인 노동자들의 임금은
크게 떨어졌고, 이에 오스트레일리아 정부는 중국인
이민자를 제한하기로 결정했지요. 이러한 백호주의는
백인들의 열렬한 지지를 얻으면서 연방 의회에서 1901년
이민 제한법으로 채택해 유지되다가 1970년대에 현저히
둔화되었답니다.

제2차 세계 대전 당시 유대인을 잡아가는
독일 나치당

가장 오래된 차별 '반유대주의'

반유대주의란 유대인들을 배척하고 차별하는 운동이나
사상을 말해요. 반유대주의는 기존의 유색 인종 차별과는
달리 오직 유대인들을 대상으로 한 차별로, 종교적 이유를
비롯해 민족, 사회, 정치적인 이유가 얽혀 있지요.
초기 유럽 기독교인들은 유대인을 예수를 죽인 민족으로
생각해 멸시했고, 그리스나 로마 시대의 사람들은 그들이
황제를 숭배하지 않는다고 해서 적개심을 품었어요.
유대인들에 대한 차별은 기원전 2세기 고대 그리스의
역사에서부터 시작해서 20세기 초까지 지속된 가장
오래된 차별이라 할 수 있어요.
유대인들은 제2차 세계 대전 독일 히틀러 정권 아래
나치당의 유대인 말살 정책으로 인해 강제로 수용소에
갇히고 집단 학살을 당하기도 했답니다.
또한 이밖에도 서양 문화권에서 동양인에 대해 가지는 편견과
차별도 존재합니다. 반대로 동양인들이 흑인이나 다른 유색
인종에 대한 차별을 하기도 하지요.

히틀러 정권 나치당의 '유대인 말살 정책'으로
인해 많은 유대인들이 수용소에 갇히거나 죽임을
당했습니다.

7 버밍햄의 어린 십자군

몽고메리에서 작은 불씨로 시작된
인종 차별 반대 운동의 불길은
조지아주로 옮겨 왔습니다.
1961년 12월, 조지아주의 올버니에서도
자유 승차 거부 운동으로 비폭력 투쟁이
시작되었습니다.

주와 주 사이를
운행하는 차량에는 여전히
차별이 존재하고 있습니다.
우리는 그 차별도
없애야 합니다!

마틴 루서 킹은 1962년 6월,
저항 운동 경험이 풍부한 사람들을
데리고 올버니로 지원하러 갔습니다.

진압을
시작하는군.

이쪽은 여러분과
함께하기 위해 온
사람들입니다.

와 주셔서
고맙습니다.

불법 집회야.
모두 체포해!

흑인과 백인을 모두 받는 식당이
곳곳에 생겨났으며, 극장과 공원 같은
공공장소도 흑인들에게 문을 열기
시작했습니다.

흑인과 백인을 함께 고용하는
회사도 점차 늘어났습니다.

하지만 여전히 차별을 고집하며
완강하게 버티는 곳이 있었는데
그중 버밍햄이 대표적인
도시였습니다.

드디어 때가
왔습니다.

버밍햄에서의 차별
철폐 운동을 우리가
지원할까 합니다.

버밍햄은 쉬운 곳이
아닙니다.

지금까지와는 비교도 안 될 정도로 힘든 싸움이 될 거예요.

그러기에 더욱 해야만 합니다.

버밍햄에서 차별이 없어지는 날이 미국 전체에서 차별이 없어지는 날입니다.

좋아요! 해 봅시다.

버밍햄에는 '황소'라 불리는 인종 차별주의자가 경찰서장으로 있었습니다.

저리 비켜!

꽈당

검둥이들은 잘 들어라.

어떤 놈이라도 버밍햄에서
인종 차별 철폐를 주장하면
거리를 피로 물들여 줄 것이다.

그 누구라도
말이야!

얼마나 차별에 시달렸으면…….
버밍햄의 흑인들이 전혀
생기가 없어요.

우리가 그 얼굴을
희망이 넘치는 얼굴로 바꾸어
놓아야 합니다.

할 일은 간단합니다.
식당이나 상점 같은 곳을
다니며 차별을 없애 달라고
요구하는 겁니다.

그것이 받아들여지지
않으면 불매 운동과 함께
농성을 합시다.

알겠습니다.

'버밍햄 감옥으로부터의 편지'라는 제목이 붙은 이 편지는 마틴 루서 킹의 변호사를 통해 신문에 실리게 되었습니다.

우리는 340년 동안이나 헌법적 권리와 인권이 보장되기를 기다렸습니다.

교도소에서 반성은 하지 않고 이따위 글이나 쓰다니!

그런다고 달라지는 건 없어.

며칠 후, 마틴 루서 킹은 변호사들의 도움으로 감옥에서 나옵니다.

아무래도 어렵겠어요. 황소 서장이나 시 관리들이 꿈쩍도 하지 않습니다.

이 정도 어려움은 각오하고 있었어요.

마틴 루서 킹은 한 동료의 제안을 받아들여 청소년을 시위에 참여시키기로 했습니다.

버밍햄에서 일어난 일은 너무나 가슴 아픈 일입니다. 흑인들이 왜 분노하는지 알 수 있을 것 같군요.

케네디 대통령의 이 말은 버밍햄에서 싸우는 흑인들에게 큰 힘이 되었어요.

버밍햄의 경찰들은 매일매일 시위대를 감옥에 가두었지만 다음 날이면 더 많은 흑인들이 나와 시위에 참여했습니다.

아무리 막아도 끝없이 나오는군.

돌아가! 다치기 싫거든 돌아가란 말이야!

이 작은 아이들이 해냈어!
그 어떤 시위보다도
큰 승리야.

버밍햄의 지도자들은 마틴 루서 킹을 만나
흑인들의 요구를 들어주기로 했습니다.

어린이 시위대의 힘으로
완강하던 버밍햄의 인종 차별이
조금씩 사라지고 있었습니다.

버밍햄 운동은 영혼의 힘이 육체의 힘보다
강하다는 것을 보여 주었으며 미국의 양심을
일깨워 준 일이었습니다.

불평등의 또 다른 이름, 차별

차별은 둘 이상의 대상을 등급이나 수준의 차이를 두어
구별하는 것을 말합니다. 종교나 나이, 신분이나 학력
등으로 사람을 판단하여 특정인을 우대하거나 또는 불리하게
대우하는 행위를 예로 들 수 있지요. 종교에 대한 차별이나
장애인에 대한 차별, 세대 차이에 대한 차별 등과 같이
평등권을 침해하는 차별은 우리가 극복해 나가야 할
과제이기도 합니다.

서로 다르다는 이유로 차별하지 않습니다.

하나   차별의 종류

남녀 성차별: 주변에서 흔히 발생하는 차별 중 하나는
남녀를 차별하는 성차별입니다. 정치, 경제, 사회, 문화 등
생활의 모든 영역에서 합리적인 이유 없이 성별을 이유로
행동을 구별하거나 제한하지요.
성차별은 성이 다르다는 이유만으로 불이익을 주는
것으로 대개 여성에 대한 불이익이 상대적으로 많아요.

who? 지식사전

여성도 남성과 동등한 위치에서 차별받지
않아야 해요.

남성 우월주의와 남아 선호 사상

오래 전부터 우리나라는 남성이 여성보다 우월하다고 여기는 관습이 있었어요.
남성들은 전쟁터에 나가 나라를 지키고, 높은 관직에 올라 집안을 이끌어 가는
중요한 대상이라고 생각했어요. 그래서 상대적으로 약한 여성의 사회 활동을
제약하고 남성이 여성보다 우월하다고 생각했답니다. 이러한 남성 우월주의는 남성
중심의 권력 구도를 만들고, 무조건 아들만 바라는 남아 선호 사상을 낳았어요.
이러한 잘못된 가치관은 성차별의 대표적인 예라 할 수 있지요. 현대로 와서는
여성의 사회 진출이 활발해지면서 이러한 사상들도 많이 사라졌답니다.

인종 차별: 우리는 마틴 루서 킹과 간디를 통하여 인종이나 민족 간의 차별이 있었다는 것을 알 수 있습니다. 흑인이 백인들에 의해 차별을 받았던 역사와 열강의 식민지로 살아야 했던 민족들의 모습을 통해 인종 차별의 잔인함을 보게 되었지요.

우리나라 역시 일본의 식민지로 있으면서 많은 차별과 학대를 당했어요. 이처럼 다른 민족이라는 이유로 혹은 피부색이 다르다는 이유로 불이익을 주는 것을 인종 차별이라 한답니다.

인종 차별을 불러일으키는 '살색'이라는 표현은 살구색으로 고쳐서 사용해야 합니다.

고용 차별: 인종이나 장애 등을 이유로 일자리를 주지 않는다든지, 마땅히 줘야 할 임금을 주지 않거나 적게 주는 등의 차별을 고용 차별이라고 합니다.

우리나라에서 일하는 외국인 노동자들은 같은 일을 해도 우리나라 노동자에 비해 적은 임금을 받고, 복지 혜택을 제대로 받지 못하는 고용 차별을 받기도 해요. 또한 업무에 전혀 지장을 주지 않는데도 장애인이라는 이유로 차별 대우를 하는 사례도 주변에서 흔히 찾아볼 수 있는 고용 차별이에요.

사회적 차별: 사회적 차별은 앞에서 말한 여러 종류의 차별을 아우르는 말입니다. 여성 혹은 남성이라는 이유로, 장애인이라는 이유로, 피부색이 다르다는 이유로 사회에서 불평등한 대우를 받는 것을 사회적 차별이라고 합니다.

사회적 차별은 그 범위가 매우 넓고 다양해서 차별의 형태를 특정하게 규명하기 어려워요. 사회적 차별을 극복하기 위해서는 잘못된 선입견이나 고정 관념을 버리고 열린 마음과 태도를 지녀야 한답니다.

외국인 노동자에 대한 차별 철폐를 주장하고 있습니다.

둘

우리 주변에서 일어나고 있는 차별

우리 주변에서 차별이나 부당한 대우를 받는 사람들이 존재하는 까닭은 '다수의 사람과 다르다는 것' 때문입니다. 신체 조건이나 종교, 재산의 정도와 출신지 등이 다른 사람들은 보통 사회적으로 약자의 위치에 있어 무시하게 되지요. 우리가 주변에서 볼 수 있는 차별을 살펴보고 편견 없이 이들을 받아들이도록 노력해 봅시다.

외국인 노동자의 인권을 위해 노력하는 사람들도 많습니다.

외국인 노동자에 대한 차별: 우리나라에는 많은 외국인 노동자들이 있습니다. 그들은 자신의 나라보다 화폐 가치가 높은 한국에서 궂은일을 도맡아 하고 있지요. 하지만 똑같은 일을 해도 한국인 노동자에 비해 외국인 노동자의 임금은 매우 낮은 편이에요. 더군다나 외국인 노동자들의 근로 환경 수준은 아주 열악하고, 복지에 대한 제도적 장치도 턱없이 부족한 편이지요. 이러한 외국인 노동자에 대한 차별은 평등한 사회에 대한 많은 고민을 안겨 준답니다.

다문화 가정 차별: 국제결혼이 날로 늘어나면서 우리는 주변에서 다문화 가정을 쉽게 찾아볼 수 있어요. 그들은 조금 다른 생김새를 갖고 있지만 우리와 동등한 인격을 가진 한국인이랍니다. 그런데 피부색이나 외모 등의 겉모습만 보고 잘못된 편견으로 그들을 대하는 사람들이 있어요. 이런 사람들 때문에 다문화 가정에서 태어난 아이들이 같은 민족임에도 정체성의 혼란을 겪거나 상처를 받는 경우가 있답니다.

혹시 여러분 주변에도 다문화 가정의 친구가 있나요? 있다면 관심을 갖고 그들이 현재 어떤 고민을 갖고 있는지 이야기를 건네 보세요. 겉모습이 다르다는 것은 오히려 내가 갖고 있지 않은 특별함이 될 수도 있어요.

다문화 가정의 친구들도 우리와 동등한 인격을 가진 한국인입니다.

인권을 지키기 위한 노력

인권은 사회를 구성하는 모든 사람이 인간다운 생활을
누릴 수 있도록 자유와 권리를 보장하는 최소한의
안전장치입니다. 인권을 지키기 위해서 우리는 인권을
보호해야 할 대상에 대해 깊은 관심을 기울여야 해요.
사회적 약자들이 인권을 제대로 보호받고 있는지
살펴보고 부당한 대우를 받고 있다면 인권 보호 단체나
기관에 신고하는 방법도 있어요.

타인의 인권을 존중할 때 나의 인권도 존중받을 수 있어요.

인권을 지키기 위한 우리의 태도

첫째, 생명을 존중하며 자연의 소중함을 알고 보호합니다.
둘째, 자기 삶의 주인이 되어 자유롭게 살며 다른 사람의
자유도 존중해 줍니다.
셋째, 사람들을 대할 때 차별하지 않습니다.
넷째, 정의로운 사회를 만들기 위해 노력합니다.
다섯째, 평화적인 방법으로 갈등을 해결합니다.

1789년 프랑스 혁명이 진행되던 해 국민의회가 국민
으로서 누려야 할 권리에 대해 선포한 선언문입니다.

who? 지식사전

인권을 지키기 위한 국가의 노력

국가는 국민의 인권을 보호하기 위해 여러 방면에서 노력하고 있어요. 인권을 지키기 위해 국가가
하는 경제적 · 제도적 지원을 살펴보아요.

· 소년 소녀 가장이나 독거노인들을 위해 생활비와 의료비를 지원합니다.
· 생계를 꾸려갈 수 없는 사람에게 최저 생활을 보장하는 공적 부조 제도를 실시합니다.
· 정부나 여러 기관의 민원 처리실에서 국민의 어려움을 해결하기 위해 힘씁니다.
· 인권을 보호하기 위한 법을 제정하여 불이익을 당하지 않도록 제도적으로 뒷받침합니다.
· 법률 구조 공단을 운영하여 무료 법률 상담을 해 주는 등 법률 구조 제도를 운영합니다.

몸이 불편한 장애인에게
는 따뜻한 배려가 필요
합니다.

8 나에게는 꿈이 있습니다

버밍햄에서의 투쟁이 흑인들의 승리로 끝나고 한 달 후, 케네디 대통령은 강력한 법안을 의회에 보냈습니다.

드디어 흑인도 국민의 기본 권리를 가질 수 있는 법이 제출되었어요.

케네디 대통령께서 정말 큰 결단을 내려 주셨군요.

기뻐하기엔 아직 일러요.

그 법이 실제로 의회에서 통과될 수 있도록 우리가 나서야지요. 워싱턴에서 집회를 시작합시다.

워싱턴에서 연 집회에는 예상 인원의 열 배인 25만 명의 사람들이 참가하였습니다.

백 년 전, 한 위대한 미국인이 노예 해방을 선언했습니다.

그 선언은 오랫동안 불평등에 시달려 온 이 땅의 수백만 흑인 노예들에게 커다란 희망의 빛이 되었습니다.

여러분! 저는 하나의 꿈을 갖고 있습니다.

흑인과 백인이 모두 손을 잡고 자유의 종소리를 울려 퍼지게 하는 꿈입니다.

와아아아아

모든 마을, 모든 주, 모든 도시에서 자유의 종소리가 울려 퍼질 때,

우리의 자손들이 기쁨에 겨워
"마침내 자유를 얻었나이다."
라고 노래할 수 있을 것입니다.

킹 목사님 만세!

1963년은 흑인들에게도
국민의 기본적인 권리를 주자는 민권법이
의회에 제출된 기쁜 해였습니다.
하지만 소중한 목숨이 안타깝게 죽어 간
슬픔의 해이기도 했습니다.

매드거 에버스 목사님이
총격을 당해 돌아가셨어요.

뭐라고요?

함께 싸우던 동료 인권 운동 지도자가
괴한의 총탄에 맞아 숨졌으며,
버밍햄의 한 교회에서 폭탄이 터져
네 명의 어린 소녀가 목숨을 잃었습니다.

그리고 11월 23일,
케네디 대통령이 괴한의 총탄에 맞아
사망합니다.

마, 말도
안 돼.

아!

어떻게
이런 일이 일어날 수
있어요?

분명 하나님께서
좋은 곳으로 인도해
주실 거예요.

버밍햄 교회에 폭탄을 터뜨려
소녀들을 죽게 만든 것은
백인 우월주의 단체인
KKK단이었습니다.

플로리다 주 세인트오거스틴이라는
도시는 KKK단이 맹활약하고 있는
곳이었습니다

이곳에서는 인종 차별주의자들이
무차별적인 폭력을 휘둘러
버밍햄과는 비교할 수도 없는 참혹한
일들이 벌어지고 있었습니다.

마틴 루서 킹은 죽음을 무릅쓰고
운동을 이끌어 나갔습니다.
많은 흑인들의 노력으로
세인트오거스틴의 상황은
점점 나아졌습니다.

인권 운동을 쉬지 않고 한
마틴 루서 킹은 건강이 많이 나빠져
잠시 활동을 쉬게 됩니다.

체력이 많이
떨어지셨네요. 푹 쉬시면
나을 겁니다.

여보세요?

여보, 당신이
노벨상 수상자로
결정되었대요.

1964년 12월 10일,
마틴 루서 킹이 노벨 평화상 수상자로
선정되었습니다.

노벨상?
내가 노벨상을
받는다고?

네, 정말
축하해요!

이 상은
나에게 주는
것이 아니오.

자유와 평등을 위해
묵묵히 투쟁해 온 사람들
모두에게 주는 상이죠.

하지만 비폭력주의야말로 진정한 평화를 이루는 일이라는 나의 신념을 인정받은 것은 무척 기쁘군요.

앞으로 어깨가 더 무거워지겠는데요?

여보, 당신은 훌륭하게 흑인 사회를 이끌어 왔어요.

앞으로도 잘 해낼 수 있을 거예요.

1965년 2월 21일, 또 다른 흑인 인권 운동가였던 맬컴 엑스가 암살당하는 사건이 발생합니다.

아까운 흑인 지도자를 또 한 분 잃었구나.

그러나 이런 폭력에 휘둘려서는 안 돼.

나라의 정책을 반대하는 마틴 루서 킹은 정치인들에게도 눈엣가시 같은 존재였습니다.

킹 목사가 베트남 전쟁을 반대한다지?

그렇습니다.

또 무슨 꿍꿍이를 꾸미고 있을지 몰라.

연방 수사국에 지시해 킹 목사의 뒤를 조사하세요.

네.

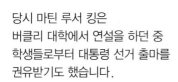

당시 마틴 루서 킹은 버클리 대학에서 연설을 하던 중 학생들로부터 대통령 선거 출마를 권유받기도 했습니다.

우리는 킹 목사님을 지지합니다. 킹 목사님을 백악관으로 보냅시다.

백악관으로 보냅시다!

저는 하나님의 말씀을 전하고 흑인들의 인권을 되찾고 싶은 목사일 뿐입니다.

정치에 끼어들 생각이 없습니다.

두리번
두리번

왜 그래요?

아, 아무것도 아니에요.

이 무렵, 마틴 루서 킹에 대한 암살 위협이 줄을 잇고 있었습니다.

또 누군가 나를 미행하고 있어.

마틴 루서 킹은 자신에게 위험이 다가오고 있음을 예감했습니다.

내가 죽거든 화려한 장례를 치르지 마십시오. 긴 조사도 말아 주세요. 그런 것은 전혀 중요하지 않습니다.

목사님이 왜 갑자기 저런 말씀을 하시지?

목사님, 전화예요.

마틴 루서 킹은 가족들의 걱정을 뒤로한 채 길을 나섭니다.

여보, 몸조심 하세요.

이런 사건이었군. 역시 오길 잘했어.

탕

*국장: 나라에 큰 공이 있는 사람이 죽었을 때 국비로 장례를 치르는 일

결국 연설을 하러 길을 나선
마틴 루서 킹은 동료 목사를 기다리다가
발코니에서 총탄에 맞아 사망합니다.

경찰은 북부 출신의 백인 제임스 얼레이를 범인으로
지목했지만 마틴 루서 킹을 죽인 건 그 한 사람이
아니라 여전히 미국을 지배하고 있던 뿌리 깊은
'인종 차별'이었습니다.

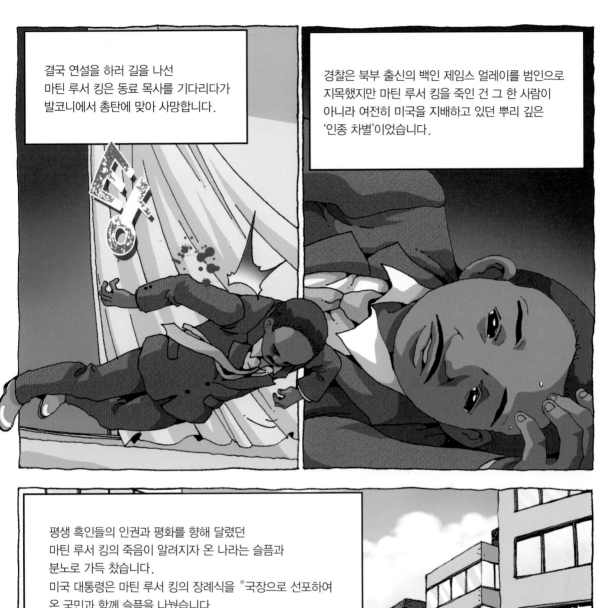

평생 흑인들의 인권과 평화를 향해 달렸던
마틴 루서 킹의 죽음이 알려지자 온 나라는 슬픔과
분노로 가득 찼습니다.
미국 대통령은 마틴 루서 킹의 장례식을 *국장으로 선포하여
온 국민과 함께 슬픔을 나눴습니다.

LIVING the DREAM
MARTIN LUTHER KING JR.

미국 국민은 매년 1월 셋째 주 월요일을
마틴 루서 킹 기념일로 정하여 지금도
그의 위대한 정신을 기리고 있습니다.
사랑과 평등을 향한 마틴 루서 킹의 희생과
노력은 세계인들의 가슴에 영원히 남아 있답니다.

who?와 함께라면 미래가 보인다

어린이
진로 탐색

성직자

어린이 친구들 안녕?
마틴 루서 킹 이야기 재미있게 읽었나요?

그렇다면 이제부터
마틴 루서 킹이 꿈을 키워 가는 과정을 함께 되짚어 보며
그가 활동한 분야와 그 분야에 속한 다양한 직업에 대해
살펴봐요!

또한 여러분에게는 어떤 장점과 적성, 가능성이
숨어 있는지 찾아보면서
그것을 어떻게 진로와 연결시킬 수 있는지에 대해서도
알아봅시다.

그럼 지금부터
여러분이 멋진 꿈을 향해 나아갈 수 있도록 도와줄
진로 탐색을 시작해 볼까요?

> 자기 이해부터
> 진로 체험까지,
> 다양한 진로 탐색
> 활동을 시작해 봐요!

내가 잘하는 것과 관련된 대회는?

어린 시절 교회에서 설교를 잘하는 목사님을 보고 부러운 마음이 들었던 마틴 루서 킹은 열심히 연습해서 말솜씨를 갈고닦았어요. 선생님은 그런 마틴을 보고 웅변대회에 참가할 것을 권했고, 그는 이 대회에서 '흑인과 헌법'이라는 제목으로 웅변을 해 2등을 했습니다.

여러분도 평소 특별히 잘하는 것이 있나요? 여러분의 실력을 뽐낼 수 있는 어떤 대회가 있는지 알아보세요.

마틴 루서 킹		나는?
(예) 말솜씨가 좋다.	**1** 내가 잘하는 것은?	
(예) 웅변대회	**2** 내가 잘하는 것과 관련 있는 대회는?	

진로
탐색
STEP 2

내 주변 사람들의 장점은?

마틴 루서 킹의 아버지는 목사였어요. 그는 불의를 참지 않는 당당한 성격을 가지고
있어 주위로부터 '대디 킹'이라는 별명으로 불렸지요. 마틴은 아버지의 모습이야말로
자신이 가장 닮고 싶은 어른의 모습이라고 생각했습니다.

가족이나 친구 등 여러분의 주변 사람들에게는 어떤 장점이 있나요? 주변 사람들을
떠올리며 내가 본받고 싶은 장점은 무엇인지 생각해 보세요.

✳ 가족 ....의 본받고 싶은 장점을 적어 보세요.

✳ 친구 ....의 본받고 싶은 장점을 적어 보세요.

✳ 선생님 ....의 본받고 싶은 장점을 적어 보세요.

다양한 종교 알아보기

마틴 루서 킹은 기독교 신자로 자랐고 후에 목사가 되었어요. 그에게 종교는 흑인 인권 운동을 하는 과정에서도 큰 힘이 되었지요.

그럼, 마틴 루서 킹이 믿은 기독교에는 어떤 특징이 있을까요? 세계 3대 종교인 기독교, 불교, 이슬람교에 대해 알아보세요.

기독교	예수 그리스도의 인격과 교훈을 중심으로 하는 종교. 천지 만물을 창조한 유일신을 섬기고, 그 아들인 예수 그리스도를 구세주로 믿습니다.
특징	• 유대인의 민족 종교인 유대교와 뿌리가 같습니다.

불교	기원전 6세기경 인도의 석가모니가 창시한 후 동양 여러 나라에 전파된 종교입니다. 이 세상의 고통과 번뇌를 벗어나 그로부터 해탈하여 부처가 되는 것을 궁극적인 이상으로 삼습니다.
특징	• 자비를 강조하고 살생을 금지합니다.

이슬람교	610년에 아라비아의 예언자 마호메트가 창시한 종교입니다. 유일신 알라가 마호메트를 통하여 계시한 코란을 경전으로 합니다.
특징	• 오늘날 중동 지방에 신자들이 많습니다.

훌륭한 성직자를 알아보아요!

마틴 루서 킹은 흑인 인권 운동에 많은 노력을 기울였어요. 그 노력 덕분에 미국의 인종 차별은 점차 개선될 수 있었지요. 마틴 루서 킹이 그랬듯, 많은 성직자들이 더 나은 세상을 만들기 위해 적극적으로 사회에 앞장서 노력했어요.

보기를 보고 성직자 중 한 사람을 골라 조사해 보세요. 그런 다음 마틴 루서 킹과 비교하면 다양한 사회 운동에 대해 알 수 있을 거예요.

보 기

| 한용운 | 마더 테레사 | 이태석 | 함세웅 |

* 보기에 있는 성직자를 골라 그 사람이 더 나은 세상을 만들기 위해 어떤 노력을 했는지 조사해 보세요.

----

* 마틴 루서 킹과 닮은 점이 있나요? 있다면 무엇인지 적어 보세요.

----

* 마틴 루서 킹과 다른 점은 무엇인가요?

진로 탐색 STEP 5

더 나은 세상을 향한 나의 바람은?

만약 여러분이 마틴 루서 킹과 같은 성직자가 된다면 매일매일 열심히 기도를 하게 될 거예요. 마틴 루서 킹은 신을 향해 "저는 지금 옳은 일을 하고 있다고 믿습니다. 이 믿음을 이어 갈 수 있도록 부디 저의 가족들을 지켜 주소서."라고 기도했지요.

마틴 루서 킹의 기도처럼 여러분도 더 나은 세상을 위해 이루어졌으면 하는 바람을 적어 보세요.

첫 번째 바람

두 번째 바람

세 번째 바람

진로
탐색
STEP 6

성직자에게 편지를 써요!

진로 탐색을 하며 종교나 성직자에 대해 느낀 점이나 궁금한 점이 있지 않았나요?
우리나라에는 불교, 개신교, 천주교 등 여러 가지 종교와 성직자들이 있어요.
여러분이 관심 있는 종교를 골라 그 종교를 대표하는 성직자에게 편지를 써
보내세요.

_____ 께

_____

_____

_____

_____

_____

_____

_____

_____

_____

_____ 올림

연표 마틴 루서 킹

1929년 1월 15일	미국 애틀랜타에서 마이클(나중에 마틴으로 이름을 바꿈) 루서 킹 1세와 앨버타 윌리엄스의 아들로 태어났습니다.
1944년 15세	4월, 조지아주 더블린에서 열린 웅변대회에서 '흑인과 헌법'이라는 주제로 연설을 해 입상합니다. 9월, 모어하우스 대학에 입학합니다.
1948년 19세	6월, 모어하우스 대학에서 사회학 학사 학위를 받았습니다. 9월, 펜실베이니아주 체스터 크로저 신학교에 입학합니다.
1951년 22세	5월, 크로저 신학교에서 신학 학사 학위를 받았습니다. 9월, 보스턴 대학 신학과에 입학하였습니다.
1953년 24세	6월, 앨라배마주 마리온에서 코레타 스콧과 결혼합니다.
1954년 25세	4월, 앨라배마주 몽고메리의 덱스터 애버뉴 침례교회의 목사로 취임합니다.
1955년 26세	6월, 보스턴 대학에서 신학 박사 학위를 받았습니다. 11월, 첫 아이 욜란다 데니사 킹이 태어났습니다. 12월, 로자 파크스 부인이 흑백 분리법을 위반한 죄로 체포됩니다. 12월, 몽고메리 진보 연합의 의장으로 선출됩니다.
1956년 27세	1월, 자택이 테러로 폭파됩니다. 11월, 연방 최고 법원이 버스 내 흑백 분리법이 위헌이라고 판결합니다.

12월, 몽고메리 진보 연합의 승차 거부 운동이 끝나고
마틴 루서 킹이 흑백 통합 버스에 최초로 승차합니다.

1957년 28세　2월, 남부 기독교 지도자 회의의 의장으로
선출됩니다.

10월, 마틴 루서 킹 3세가 태어났습니다.

1958년 29세　9월, 뉴욕 할렘에서 어느 정신 질환자의 칼에 피습
당합니다.

1959년 30세　2월, 가족과 함께 간디의 나라 인도를 방문합니다.

1961년 32세　1월, 셋째 아이 덱스터 스콧 킹이 태어났습니다.

1963년 34세　3월, 넷째 아이 버니스 앨버틴 킹이 태어났습니다.

8월, 흑인의 고용과 자유 쟁취를 위한 워싱턴
행진을 하며 '나에게는 꿈이 있습니다'라는 유명한
연설을 합니다.

1964년 35세　7월, '1964년 시민권 법령' 제정으로 흑인들이
투표권을 갖게 됩니다.

12월, 오슬로에서 노벨 평화상을 수상하였습니다.

1965년 36세　2월, 앨라배마주 셀마에서 투표권 쟁취를 위한
시위를 주도합니다.

1967년 38세　4월, 뉴욕 리버사이드 교회에서 최초의 공식적인
베트남 전쟁 반대 연설을 합니다.

1968년 39세　3월, 폭력으로 중단된 멤피스 시위 행진을
주도합니다.

4월 4일, 멤피스 로레인 모텔에서 괴한의 총격으로
암살당합니다.

1968년 1월　미국 의회는 매년 1월 셋째 주 월요일을 마틴 루서
킹의 탄생을 기념하는 국경일로 지정합니다.

찾아보기

who? 한국사

초등 역사 공부의 첫 단추! '인물'을 알아야 시대가 보인다

● 선사 · 삼국   ● 남북국   ● 고려   ● 조선

※ who? 한국사 (전 47권) | 대상 초등학교 전 학년 | 책 크기 188×255 | 각 권 페이지 190쪽 내외

who? 인물 중국사

인물로 배우는 최고의 역사 이야기

※ who? 인물 중국사 (전 30권) | 대상 초등학교 전 학년 | 책 크기 188×255 | 각 권 페이지 190쪽 내외

who? 아티스트

최고의 명작을 탄생시킨 아티스트들을 만나다

● 문화 · 예술 · 언론 · 스포츠

※ who? 아티스트 (전 40권) | 대상 초등학교 전 학년 | 책 크기 188×255 | 각 권 페이지 190쪽 내외

who? 인물 사이언스

기술로 세상을 발전시킨 과학자들의 이야기

※ who? 인물 사이언스 (전 40권) | 대상 초등학교 전 학년 | 책 크기 188×255 | 각 권 페이지 180쪽 내외

who? 세계 인물

세상을 바꾼 위대한 인물들의 이야기

※ who? 세계 인물 (전 40권) | 대상 초등학교 전 학년 | 책 크기 188×255 | 각 권 페이지 180쪽 내외

who? 스페셜 · K-pop

아이들이 가장 만나고 싶고, 닮고 싶은 현대 인물 이야기

※ who? 스페셜 · K-pop | 대상 초등학교 전 학년 | 책 크기 188×255 | 각 권 페이지 190쪽 내외